DIE ENDZEIT

Ein Kapitel der Menschheitsgeschichte

Eine Aufklärung über die neue Bibel, welche ist das neue Wort Gottes an die Menschheit des 3. Jahrtausends

Zusammengestellt & bearbeitet von

Hanno Herbst

JESUS:

„Es wird so sein wie vor den Zeiten Noahs: Die Menschen werden von ihren vielen Weltkenntnissen und erworbenen Fertigkeiten einen stets böseren Gebrauch machen und dadurch freiwillig allerlei Gerichte aus den Tiefen Meiner Schöpfungen über sich und am Ende über die ganze Erde heraufbeschwören.“

[Ev. Bd. 5, Kap. 108, 4]

„Wie überall, so ist auch hier an Meinem Segen alles gelegen! - Darum bleibet gleichfort ganz voll Vertrauen auf Mich; möge sich die Zeit gestalten, wie sie will, so werde Ich euch nimmer verlassen, und euch soll nicht hungern, weder geistig noch leiblich“

[JL.Him2.324,09]

Zur Buchreihe

„Die großen Lebens- und Kirchenfragen“

Viele Inhalte der Bibel wurden mit den Jahren durch im Geiste *nicht*-erweckte Theologen verändert und falsch ausgelegt, so dass es den Gläubigen unserer Zeit immer schwerer fallen muss, den inneren Sinn des Wortes Gottes zu erfassen und selbst Erleuchtung zu erfahren.

Wie zu allen Zeiten der Menschheitsgeschichte leitet der Herr gerade dann Sein reines Wort zur Erde herab, wenn Finsternis und Wirrnisse am größten sind. Wir leben inmitten der verheißenen Zeit der Wiederkunft Christi, doch darunter, wie auch unter dem gesamten Glaubensleben, stellt sich der moderne Mensch heute etwas anderes vor, als es in Wahrheit ist und sein sollte. Viel zu materiell sind die Begriffe vom Dasein geworden, als dass ein geistiges Verständnis vom Leben überhaupt noch möglich wäre. Bildung und Erkenntnis sind schon die Grundpfeiler des zeitlichen Lebens. Der Herr möchte in uns, durch die Erkenntnis der Wahrheit des Lebens, Seinen Geist erwecken und unsere Gemüter ausbilden zur Liebe und damit zum ewigen Leben unserer Seelen. Der Glaube an das Wort Christi und dessen Befolgung bilden dafür die Grundlage, jetzt und in Ewigkeit. Gott Selbst, in Seiner Wiederkunft als der Christus, dem Geist der Wahrheit aus Seinem Ur-Lebenszentrum der Liebe, lehrt uns hier persönlich in Seinem wiedergekommenen Wort der Neuoffenbarung.

„Die Endzeit"

begann mit dem Zeitalter der Aufklärung, der Erfindung der Dampfmaschine und der industriellen Revolution.

Heute zweifelt kein vernünftig denkender Mensch mehr daran, dass wir in einer beispiellosen Zeit ausufernder Selbstzerstörung leben, und dass ein „weiter so" in einer globalen Katastrophe enden muss, die das Schicksal der ganzen Menschheit besiegeln kann. Schon die Bibel weist vielfach auf die Jetztzeit, die sog. Endzeit, hin, was durch die heutige Neuoffenbarung Gottes in einer derart eindringlich detaillierten und alarmierenden Weise verdeutlicht und vertieft wird, dass niemand mehr die Augen und Ohren davor verschließen kann.

Populär sind solch eindringliche Mahnungen Gottes nie, aber sie zeigen auch Auswege auf, spenden Trost und machen Hoffnung.

Dieses Buch beweist, dass wir inmitten der verheißenen Endzeit leben und es gibt umfassenden Aufschluss über das ganze globale Endzeitgeschehen außerhalb und innerhalb eines jeden heute lebenden Menschen.

DIE ENDZEIT

Ein Kapitel der Menschheitsgeschichte

von Johannes Wilhelm

1. Auflage
Taschenbuchausgabe von 2019
Herbst Medien

ISBN: 978-3-947465-27-9

Inhaltsverzeichnis

Vorwort 11

1. Kapitel:

Kundgaben aus den Neuoffenbarungen Gottes zur jetzigen Endzeit 19

Verkündung Jesu über die Wende- und Endzeit 19

Zunahme von Propheten und Gerichten in der Endzeit 27

Jesu Vorhersage: 27

Über die Endzeit 32

Endzeit . Zukunft . Gegenwart 49

Die Zeichen der Endzeit 53

Zeichen der Zeit 58

Glaubenskampf und Chaos 61

Zeichen der Endzeit 67

Vermehrtes Leid in der Endzeit. Gottes Liebe 71

Große geistige Not in der Endzeit 74

Der Satan weiß, dass er nicht mehr lange Zeit hat 82

Grausamkeiten . Endzeit . Letztes Gericht 85

Glaubenslosigkeit und Teufel in der Endzeit . Glaubenskampf . Kommen des Herrn 88

Tag des Gerichtes . Teufel der Endzeit 92

Sündflut . Endzeit . Weltlicher Aufstieg 96

"Sie aßen und tranken" wie vor der Sündflut 99

Seher und Propheten der Endzeit . Wenig Verständnis 102

Prophetischer Geist . Heilsplan Gottes – Endzeit 106

Veränderung der Lebensverhältnisse 109

Großes Leid in der Endzeit 112

Erklärung für Leiden und Nöte der Endzeit 115

Lehrtätigkeit in der Notzeit 120

Erweckungswelle in der Endzeit 123

Gemeinsames Liebeswirken in der Endzeit............................131
Verkörperung vieler Lichtwesen in der Endzeit......................135
Als Mensch verkörperte Lichtwesen......................................140
Anzweifeln der Existenz Gottes in der Endzeit......................144
Wüten des Satans in der Endzeit . Abfall vom Glauben..........148
Verstärkte Anfechtungen in der Endzeit.................................153
Angriffe des Gegners in der Endzeit......................................156
Wirken des Satans und der Dämonen in der Endzeit..............159
Der Satan wütet mit verstärkter Macht...................................164
Teufel der Endzeit . Jenseits geschlossen . Neubannung.........167
Anforderung von Kraft in der Endzeit....................................171
Führerschaft Gottes . Dämonen in der Endzeit........................175
Verheißung von Gottes Schutz in der Endzeit.........................178
Blendwerke des Gegners (z.B.UFOs).....................................182
"Tag und Stunde weiß niemand..." . Falsche Propheten der Endzeit...187
Wunderwirken in der Endzeit...190
Wunder . Falsche Christi und Propheten................................193
Verbreitung des Irrtums in der Endzeit . Gottes Gegenwirken 197
Verkünden des Evangeliums dringlich in der Endzeit............200
Prüfen der Geister. Wirken des Gegners in der Endzeit..........204
Der Gegner sucht die Menschen in der Finsternis zu halten . .209
Erlösende Mitarbeit in der Endzeit...212
Verbreiten des Evangeliums. Apostel der Endzeit..................217
Die Jünger der Endzeit...221
Jünger der Endzeit / Irdische Bindungen / Sorge Gottes um Familie..225
Glaube der Jünger der Endzeit ohne Beweise........................228
Jünger der Endzeit . Verbreiten der Wahrheit........................232

Verfolgung der Jünger der Endzeit..235
Ermahnung zum Widerstand in der Endzeit............................238
Mahnung, die Endzeit auszunutzen für das Seelenheil...........243
Gnaden der Endzeit . Tod zuvor . Jenseits...............................246
Gottes Liebe . Endzeit...250
Die Endzeit begründet die Gnadengaben................................255
Anruf Gottes um Hilfe unerlässlich in der Endzeit................259
Ermahnungen für die Kinder Gottes in der Endzeit................264
Theokratie und Königtum. Endzeit und Gericht.....................277
Wunderbare Errettung der Kinder Gottes in der Endzeit........285

Kapitel 2

Die Neuoffenbarung Gottes...299

Einleitung: „Noch vieles hätte Ich euch zu sagen...“ (Joh.16,12-14)..299

Die 10 Hauptpunkte der Neuoffenbarung Gottes an die heutige Menschheit..309

1. Den Weltgrund:..309
2. Das Wesen Gottes:...310
3. Die geistige Urschöpfung:...311
4. Die Stofflich Materielle Schöpfung:.........................312
5. Den Zweck des Naturlebens:.....................................313
6. Den Menschen - das Endziel dieser Entwicklung:....314
7. Die Wesenheit Jesu Christi:.......................................315
8. Den Heilsweg zur geistigen Wiedergeburt:..............316
9. Die Fortentwicklung im Jenseits:..............................317
10. Das Ziel der Vollendung:...318

Jakob Lorber und die Neuoffenbarung..................................321

Die Hauptwerke der Neuoffenbarung Gottes an Jakob Lorber 328

Die Haushaltung Gottes – 3 Bände:..............................328
Kindheit und Jugend Jesu:...332
Das große Evangelium Johannes
11 Bände:...334

Von der Hölle bis zum Himmel – 2 Bände:..336
Bischof Martin:...337
Die geistige Sonne – 2 Bände:..339
Die 3 Tage im Tempel:...340
Paulus' Brief an die Gemeinde in Laodizea:..341
Erde und Mond:...342
Jenseits der Schwelle:..343

Schlussbemerkung..344

Vorwort

Der folgende Text von Kurt Eggenstein wurde 1993 verfasst. Heute liegen sehr viele weitere Geschehnisse apokalyptischen Ausmaßes schon wieder hinter uns und noch viele werden in naher Zukunft in gesteigertem Maße folgen!

Die Entwicklung in der Welt zeigt immer mehr mit erschreckender Deutlichkeit, dass die Eingriffe der menschlichen Handlungen in die Natur gefährliche, ja lebensbedrohende Folgen für die gesamte Menschheit haben werden.

Es würde zum Beispiel der Kohlendioxidabbau um 60 Prozent, wie ihn die Wissenschaftler auf der Klimakonferenz in Genf zwingend forderten, eine verheerende wirtschaftliche Rezession verursachen. Andererseits wird aber der viel zu hohe Kohlendioxidausstoß eine weltweite Klimaänderung hervorrufen. Deshalb wurden auf allen Klimakonferenzen wirkungsvolle Anträge auf starke

Einschränkungen der Energieerzeugung schon gar nicht gestellt. Das Dilemma, in welchem die Menschheit sich befindet, ist offensichtlich.

Anmerkung: Heute zweifelt niemand mehr daran, dass der Klimawandel menschengemacht ist!

Auch die Zerstörung der vor den gefährlichen ultravioletten Strahlen schützenden Ozonhülle durch menschliche Eingriffe ist kaum mehr aufzuhalten. Das Ozonloch, das sich seit Jahren ständig vergrößerte, hat im Jahre 1991 bereits die Größe der früheren Sowjetunion erreicht. Und der Zerstörungs-Prozess geht unentwegt weiter, denn die FCKW-Gase brauchen 10 - 15 Jahre, bis sie in der Stratosphäre ankommen, Somit sind noch viele Millionen Tonnen FCKW Gase unterwegs, die erst in den neunziger Jahren mit ihrem Zerstörungswerk beginnen werden. Diese Gase werden dann 50 Jahre lang unentwegt die Vernichtung der Ozonhülle fortsetzen. Die dann stark vermehrten ultravioletten Strahlen der Sonne werden nicht nur zunehmend Hautkrebs (malignes Malignom) erzeugen, sondern sie werden auch das Phytoplankton der Ozeane, das ca. 60 Prozent des Sauerstoffes produziert, schwer schädigen. Zu gleicher Zeit besteht aber auch die große Gefahr, dass die Urwälder durch Rodung etc. vernichtet werden. Sie erzeugen ca. 40 Prozent des Sauerstoffs. Ohne Sauerstoff ist aber Leben auf der Erde nicht möglich.

Zu den nicht mehr zu lösenden Problemen der Menschheit gehört ferner die nicht aufzuhaltende Bevölkerungsexplosion. In jedem Jahrzehnt nimmt die Menschheit in der südlichen Hemisphäre um rund eine Milliarde Menschen zu. Was die Vermehrung der Erdbevölkerung um 1000 Millionen Menschen in so kurzer Zeit für unvorstellbare Folgen für die nächsten Jahrzehnte haben wird, bedarf keines Kommentars. Die Erde ist ein endliches System und kann nicht beliebig viele Milliarden Menschen tragen.

Die Folgen des Überhandnehmens der chemischen Gifte in der Luft, im Ackerboden, im Grundwasser, in den Flüssen und Meeren sind nach

Jahrzehnten jetzt zu einer zunehmenden Gefahr geworden. Die Risiken aller Art sind auf der Erde so groß geworden, dass die Existenz der Menschheit insgesamt so sehr bedroht ist, wie nie zuvor.

Von besonderer Aktualität sind heute ohne Frage die Kundgaben des Propheten Lorber (siehe das letzte Kapitel „Die Neuoffenbarung“, HH) über die gegen Ende dieses Jahrhunderts auf der ganzen Welt eintretenden Katastrophen von unvorstellbaren Ausmaßen. Es wird der Planet Erde zwar noch “Millionen Jahre lang, mit oder ohne Menschen, seine Bahn ziehen”, aber die Zerstörungen auf der Oberfläche der Erde werden so groß sein, dass zur Zeit des “großen Gerichts über die Hälfte der Erdbewohner sterben müssen.” (WK 19) “Große Erdrevolutionen aller Art und Gattung”, d.h. Erdbeben und riesige Vulkanausbrüche von unvorstellbarer Zerstörungskraft werden die Erdoberfläche unbewohnbar machen.” (Großes Evangelium Johannis VIII 186.4) Aber bereits vorher werden große Dürren in vielen Gegenden der Erde für Millionen Menschen Hunger und Tod zur Folge haben. Es werden auch sintflutartige Regenfälle im Verbund mit rasenden Orkanen von nie gekannter Energie "ganze Länder zugrunde richten." (Großes Evangelium Johannis V 109.1) In China wurden im Sommer 1991 130 Millionen Menschen von einer noch nicht dagewesenen Wasserflut betroffen, zehn Millionen Menschen mussten umgesiedelt werden.

Es wird den Menschen in der Offenbarung auch gesagt, dass sie selbst durch ihre Eingriffe in den Haushalt der Natur diese Katastrophen herbeiführen würden. "Gehet hin und entwaldet die Länder und ihr werdet die Folgen davon bitter schmeckend verspüren." "Alles verheerende Stürme werden ganze Länder verwüsten." Im Jahre 1988 tobten über die USA und Europa Orkane mit bis dahin nicht gekannter Zerstörungskraft hinweg. Allein in Europa entstanden Schäden in Höhe von 17 Mrd. EUR. Lorber prophezeit noch weitere schlimme Folgen der Vernichtung der Urwälder. "Durch die Zerstörung der Wälder werden sich auch die klimatischen Verhältnisse gänzlich ändern." (Lebensgeheimnisse 208) Auch diese Entwicklung ist in den

Anfängen bereits sichtbar geworden.

Auch die folgende Voraussage ist wahr geworden. In der Vorendzeit „.wird ein Volk gegen das andere ziehen." (Großes Evangelium Johannis VI 108.4) Es kämpfen in der Tat seit Jahren gegeneinander: Irak gegen Iran, Irak gegen Kuwait, UNO gegen Irak, Irak gegen Kurden und Serben gegen Kroaten, Bosnier und andere Völker.

Anmerkung:
Weltpolitischer Stand von 1991

Den meisten Menschen entgeht es, dass die vielen außergewöhnlichen Ereignisse und die immer bedrohlicher werdenden Verhältnisse zunehmen, sich verstärken und einen Trend zu Katastrophen von apokalyptischen Ausmaßen erkennen lassen. Die Frankfurter Allgemeine Zeitung vom 17. 12. 1991 bemerkt zu dieser Verhaltensweise: "Die Zeichen an der Wand sind überdeutlich. Noch weigern sich viele, darüber nachzudenken." In der Zeitschrift "Die Zeit" vom 20. 3. 1992 wird die Unvernunft und die Gleichgültigkeit der Menschen mit der Überschrift “Sinnlos treibt die Welt zum Abgrund” gegeißelt.

In der Offenbarung werden auch ungefähre Angaben über den Zeitpunkt des Eintretens des endzeitlichen Gerichtes gemacht: “Von jetzt an (ab der Zeit Jesu im Jahre 32) werden nicht volle 2000 Jahre vergehen, bis das große Gericht vor sich gehen wird.” (Großes Evangelium Johannis VI 174.7) “Es wird eine allgemeine Not, Elend und Trübsal kommen, wie die Erde eine größere noch nie gesehen hat.” (Großes Evangelium Johannis VIII 185.2)

Von Kurt Eggenstein aus dem Buch „Der unbekannte Prophet Jakob Lorber“

1. Kapitel: Kundgaben aus den Neuoffenbarungen Gottes zur jetzigen Endzeit

Verkündung Jesu über die Wende- und Endzeit

Kurze Auszüge aus der Neuoffenbarung
(Aufklärung zur Neuoffenbarung siehe letztes Kapitel)

Jesus deutet Seinen Jüngern und Freunden das Bild vieler von der Morgensonne durchleuchteten Wölkchen als Entsprechung für die einstige Entstehung des ‚Tausendjährigen Reiches‘ und sagt: „Was wohl stellen die lichten Wölklein dar? Es sind Vereine solcher Menschen, die von der göttlichen Wahrheit durch leuchtet sind. Sehet, nun rücken diese lichtvollen Vereine immer enger zusammen und bilden so einen großen Verein, und sehet, das ist eben die neue Erde, über der sich ein neuer Himmel ausbreitet voll Licht und Klarheit. Ihr müsset aber nicht der Meinung sein, als würde dann diese natürliche Erde vergehen und in eine neue umgewandelt werden, sondern nur die Menschen werden durch die Vollaufnahme der göttlichen Wahrheit in ihre Herzen als wahre Brüder und Schwestern in Meinem Namen unter sich eine neue geistige Erde schaffen. — Auf dieser neuen Erde werde Ich selbst dann sein und herrschen unter den Meinen, und sie werden mit Mir Umgang pflegen und Mich nimmerdar aus ihren Augen verlieren. Aber betrachtet nun auch nebenbei die alte Erde! Sehet, wie aus der neuen Erde in stets dichteren Strömen Lichter hinab auf die alte Erde schweben und diese so entzünden, daß sie wie in vollen Flammen zu stehen scheint! Da sehet ihr gar viele Tote wie aus den Gräbern hervor ans Licht gehen, und wie sie auch bald bekleidet werden mit dem Gewande der Wahrheit und dann aufwärtsschweben in das Reich der neuen Erde.“

[Ev. Bd. 8, Kap. 48, 1-5]

Verkündung Jesu über die Wende- und Endzeit: „Es werden von nun (Jesu Erdenleben) an tausend und nicht noch einmal tausend Jahre vergehen, alsdann werde Ich dieselben Engel, wie ihr sie nun hier erschauet, mit großen Ausrufsposaunen unter die arme Menschheit senden. Diese werden die im Geiste getöteten Menschen der Erde gleichsam aus den Gräbern ihrer Nacht erwecken. Und wie eine Feuersäule sich wälzt von einem Ende der Welt zum andern, werden diese vielen Millionen sich stürzen über alle Weltmächte, und niemand wird ihnen einen Widerstand zu leisten vermögen. — Von da an wird die Erde wieder zum Paradiese werden, und Ich werde leiten Meine Kinder rechten Weges immerdar!"

[Ev. Bd. 1, Kap. 72, 3 ff]

Der Herr zu einem Freunde des Neuen Wortes: „Ein wahres Gottesreich kann es nimmer geben in der Materie, sondern nur im Geiste! Und so kommt das ,Tausendjährige Gottesreich' nicht irgend äußerlich schaubar, sondern ganz still und prunklos in den

Herzen der Menschen, die eines guten Willens sind. — Frage auch nicht, wann und wie: — Denn die Ankunft des ‚Tausendjährigen Gottesreiches' ist die allzeitige und stets gleiche volle Wiedergeburt des menschlichen Geistes. — Das Aufbaumittel zu einem allgemeinen Gottesreich auf Erden in den Herzen der Menschen aber hast du nun schon vielfach in deinen Händen (in den Niederschriften des Neuen Wortes). Mache, daß sie bald in die Hände vieler gelangen, und du wirst darin das wahre ‚Tausendjährige Gottesreich auf Erden' erschauen!"

[Hi. 2, S. 436, 5-8]

Jesus: „Denket ja nicht, daß Ich, der Herr, das große Endgericht der Erde haben wolle, und daß alles schon so bestimmt sei! Das sei ferne von Mir und von euch! Aber es wird also sein wie vor den Zeiten Noahs: Die Menschen werden von ihren vielen Weltkenntnissen und erworbenen Fertigkeiten einen stets böseren Gebrauch machen und dadurch freiwillig allerlei Gerichte aus den Tiefen Meiner Schöpfungen über sich und am Ende über die ganze

Erde heraufbeschwören. Da sage auch Ich: ‚Volenti non fit injuria!"

[Ev. Bd. 5, Kap. 108, 4]

Jesus: „Es wird so manchen Kampf geben zwischen Meinen Kindern und den Kindern der Welt, weil die Zahl der Meinen auf der Erde stets kleiner sein wird als die Zahl der Kinder der Welt; aber am Ende werden doch die Meinen siegen über alle Welt, und diese wird ihnen nichts mehr anhaben können. Denn mag euch alle Materie noch so hart und unzerstörbar dünken, so wird sie endlich doch der Macht des Geistes weichen müssen!"

[Ev. Bd. 6, Kap. 149, 5]

Jesus über die Entwicklung der Erde und der Menschheit bis zum ‚Tausendjährigen Reich': „Wie diese Erde durch viele tausende Feuerausbrüche nach und nach zu ihrer heutigen Gestalt gekommen ist, so ging und geht es auch mit der geistigen Bildung des Menschen vorwärts. Jetzt ist in den Gemütern der Menschen noch alles voller Stürme und Ausbrüche des heftigsten Feuers, und die wilden, alles verheerenden Leidenschaften machen sich Luft. Aber es wird eine Zeit kommen, in der sich alle Leidenschaften in ein ruhiges, fruchtbares Erdreich umgestalten; dann erst wird es völlig helle und wonniglich unter den Menschen sein. Doch stets wird es der wahrhaft reinen, guten Menschen eine geringere Anzahl geben als derer, die sich noch immer von ihren Weltleidenschaften beherrschen lassen. Solch eine bessere Zeit wird tausend und noch etliche Jahre währen!"

[Ev. Bd. 6, Kap. 207, 4-6]

Jesus: „Zur Zeit der neuen Seher und Propheten wird eine große Trübsal und Bedrängnis unter den Menschen sein, wie sie auf dieser Erde noch niemals da war, aber sie wird Meiner dermaligen Auserwählten wegen nur kurze Zeit dauern, auf daß diese an ihrer Seligwerdung nicht sollen Schaden erleiden."

[Ev. Bd. 9, Kap. 94, 8]

Jesus zu Seinen Jüngern: „Von nun an werden

nahezu 2000 Jahre hindurch viele Seher und Propheten erweckt werden, weil auch eine noch größere Anzahl falscher Propheten und Christusse erstehen werden. — Gegen Ende der angezeigten Zeit werde Ich stets größere Propheten erwecken, und mit ihnen werden auch die Gerichte sich mehren und ausdehnen. Da werden große Erderschütterungen kommen, verheerende Stürme, Teuerungen, Kriege, Hungersnot, Pestilenz und viele andere Übel. Der Glaube wird nicht unter den im eisigen Hochmut erkalteten Menschen sein, und ein Volk wird wider das andere ziehen. — Es sollen die Menschen auch gewarnt werden durch Seher und besondere Zeichen am Firmamente, woran sich aber nur die wenigen Meinen kehren werden, während die Weltmenschen das alles nur für seltene Wirkungen der Natur ansehen werden.

Doch darauf wird eine allergrößte Offenbarung geschehen durch Meine abermalige Darniederkunft auf diese Erde; aber dieser Offenbarung wird vorangehen ein allergrößtes, schärfstes Gericht und nachfolgen eine allgemeine Sichtung der Weltmenschen durchs Feuer und sein Geschoß, auf daß dann Ich selbst eine ganz andere Pflanzschule für wahre Menschen auf dieser Erde werde errichten können, die bis ans Ende der Zeiten dieser Erde dauern wird.“

[Ev. Bd. 6, Kap. 150, 14-17]

Jesus: „Es gibt ein gar großes Land im fernen Westen, das von allen Seiten vom großen Weltozean umflossen ist und nirgend mit der alten Welt zusammenhängt. Aus jenem Lande werden die Menschen zuerst bedeutende Dinge vernehmen, und diese werden auch im Westen Europas auftauchen, und es wird daraus ein helles Strahlen und Widerstrahlen entstehen. Die Lichter der Himmel werden sich begegnen, erkennen und unterstützen. — Aus diesen Lichtern wird sich die Sonne des Lebens, also das neue, vollkommene Jerusalem, gestalten. Und in dieser Sonne werde Ich auf diese Erde wiederkommen!“

[Ev. Bd. 9, Kap. 94, 14-15]

Zunahme von Propheten und Gerichten in der Endzeit

Jesu Vorhersage:

14] »Von nun an werden nahe volle 2000 Jahre hindurch zahllos viele Seher und Propheten erweckt werden, weil auch eine noch größere Anzahl falscher Propheten und sogar höchst hochmütiger, herrschsüchtiger und aller Liebe barer falscher Christusse erstehen werden. Da werden die Gerichte aber auch gleich fortdauern, und es wird selten einen Herrscher geben, der wegen seiner Finsternis samt seinem Volke nicht ein arges Gericht zu bestehen haben wird.

15] Gegen Ende der angezeigten Zeit werde Ich auch stets größere Propheten erwecken, und mit ihnen werden auch die Gerichte sich mehren und ausgedehnter werden. Da werden auch kommen große Erderschütterungen und sehr verheerende

Stürme der Elemente, große Teuerungen, Kriege, Hungersnot, Pestilenz und noch viele andere Übel, und, wie Ich schon vorhinein (vorher) bemerkt habe, der Glaube wird - außer bei höchst wenigen - nicht unter den Menschen sein, die im Eise des Menschenhochmutes ganz erkalten werden, und ein Volk wird ziehen wider das andere.

16] Es werden die Menschen auch gewarnt werden durch Seher und besondere Zeichen am Firmament, woran sich aber nur die wenigen Meinen kehren werden, während die Weltmenschen das alles nur für seltene Wirkungen der Natur ansehen werden und ausspucken werden vor allen jenen, die noch an Mich glauben.

17] Aber darauf wird geschehen eine allergrößte Offenbarung durch Meine abermalige Darniederkunft auf diese Erde (im Wort, HH); aber dieser Offenbarung wird auch schon vorangehen ein allergrößtes und schärfstes Gericht und nachfolgen eine allgemeine Sichtung der Weltmenschen durchs Feuer und sein Geschoss, auf dass dann Ich Selbst eine ganz andere Pflanzschule für wahre Menschen auf dieser Erde werde errichten können, die dann dauern wird bis ans Ende der Zeiten dieser Erde.

(Anmerkung: Gemeint ist hier die Neuoffenbarung, kundgegeben Ende 19. Jahrhundert, Verbreitung nach den großen Weltkriegen, siehe letztes Kapitel, HH)

18] Ich sagte euch nun dieses zum voraus, auf dass ihr Mir ja nicht der Meinung werdet, dass es nach Mir also vollkommen werden wird wie in Meinen Himmeln. Ja, wenige werden wohl Meinen Engeln gleich sein, - aber viele noch um vieles ärger, als da nun sind die Menschen zu diesen unseren Zeiten.

19] Aber ihr dürft euch alles dessen wegen nicht ärgern; denn Ich habe es euch allen ja schon gar oft gesagt, dass der Mensch ohne seinen völlig freien Willen gar kein Mensch, sondern nur ein menschenähnliches Tier wäre.

20] Man könnte solche Menschen im höchsten Falle dann wohl gleich den Tieren zu irgendeiner Beschäftigung abrichten, aber sie nie auf den Standpunkt setzen, dass sie einsähen, dass solch eine

Arbeit für den wahren Menschen und für den Tiermenschen gut und nützlich ist, auf dass sie sich dann selbst bestimmten, solche nützlichen Arbeiten zur rechten Zeit zu verrichten.

21] Der Mensch, der gegen das Gesetz sündigt, zeigt dadurch ebenso gut an, dass er ein freier Mensch ist, wie der, welcher freiwillig das Gesetz beachtet. Daher sollt ihr auch keinen Menschen richten und verdammen, sondern ihn nur mit aller Geduld und Sanftmut belehren und dem Verirrten zeigen den rechten Weg. Will er ihn wandeln, so ist es wohl und gut für ihn; will er das aber nicht, so sollt ihr ihm darum auch keinen Zwang antun, sondern ihn höchstens aus einer besseren und reineren Gemeinde ausscheiden, - denn ein gezwungen gläubiger Mensch ist zehnmal schlechter als ein offen Ungläubiger und Abtrünniger.

22] Sehet an die Pharisäer! Das sind lauter gezwungen Gläubige zum Schein; aber in sich glauben sie gar nichts und tun alles, wonach es sie nur immer gelüstet.

23] Darum habt dann wohl acht, so ihr in

Meinem Namen wieder Nachfolger für euch wählen werdet, dass ihr erstens ja niemanden dazu zwingt und zweitens niemanden annehmt, dem ihr es schon von weitem anseht, dass er aus zeitlichen Interessen in euer Amt treten möchte.

24] Ihr werdet zwar solches wohl beachten; aber es werden dennoch solche in Unzahl in euer Amt treten, teils durch äußeren Zwang und teils durch die Aussicht, in eurem Amte eine gute und sorglose Verpflegung zu finden. Aber diese werden von Mir alle in das Regiment des Antichristen gezählt werden, und ihre Werke werden vor Gott ein Ekelgeruch sein und aussehen wie ein stinkendes Aas.

25] Wahrlich, Ich sage euch: Alle eure Nachfolger, die nicht von Mir, sondern nur von den Menschen in gewissen Weltschulen zu eurer Amtsnachfolge zubereitet werden, werde Ich nicht ansehen; denn nur der Antichrist wird also seine Jünger qualifizieren.

26] Denen ihr aber die Hände auflegen und sie taufen werdet in Meinem Namen, die werden erfüllt werden mit Meinem Geiste; diese sind es auch, die Ich Selbst zu allen Zeiten als eure Nachfolger erwähle und durch die wahrhafte Erteilung Meines Geistes bestätige.

27] Aber in den späteren Zeiten wird es deren gar wenige mehr geben, weil der Antichrist sein Regiment zu sehr ausdehnen wird; wenn er sich aber zuallerhöchst in der Welt dünken wird, dann wird er auch gestürzt werden für immerdar! Habt ihr das nun wohl und hell aufgefasst?«

GEJ, Band 06, Kapitel 150

Über die Endzeit

Jesaja, Kap. 11, Vers 1-9

(1) Und es wird eine Rute aufgehen von dem Stamm Isais und ein Zweig aus seiner Wurzel

Frucht bringen, (2) auf welchem wird ruhen der Geist des HERRN, der Geist der Weisheit und des Verstandes, der Geist des Rates und der Stärke, der Geist der Erkenntnis und der Furcht des HERRN. (3) Und Wohlgeruch wird ihm sein die Furcht des HERRN. Er wird nicht richten, nach dem seine Augen sehen, noch Urteil sprechen, nach dem seine Ohren hören, (4) sondern wird mit Gerechtigkeit richten die Armen und rechtes Urteil sprechen den Elenden im Lande und wird mit dem Stabe seines Mundes die Erde schlagen und mit dem Odem seiner Lippen den Gottlosen töten. (5) Gerechtigkeit wird der Gurt seiner Lenden sein und der Glaube der Gurt seiner Hüften. (6) Die Wölfe werden bei den Lämmern wohnen und die Parder bei den Böcken liegen. Ein kleiner Knabe wird Kälber und junge Löwen und Mastvieh miteinander treiben. (7) Kühe und Bären werden auf der Weide gehen, daß ihre Jungen beieinander liegen; und Löwen werden Stroh essen wie die Ochsen. (8) Und ein Säugling wird seine Lust haben am Loch der Otter, und ein Entwöhnter wird seine Hand stecken in die Höhle des Basilisken. (9) Man wird niemand Schaden tun noch verderben auf meinem ganzen heiligen Berge; denn das Land ist voll Erkenntnis des HERRN, wie Wasser das Meer bedeckt.

Jesaja, Kap. 42, Vers 1-12

(1) Siehe, das ist mein Knecht, ich erhalte ihn,
und mein Auserwählter, an welchem meine
Seele Wohlgefallen hat. Ich habe ihm meinen
Geist gegeben; er wird das Recht unter die Hei-
den bringen. (2) Er wird nicht schreien noch
rufen, und seine Stimme wird man nicht hören
auf den Gassen. (3) Das zerstoßene Rohr wird er
nicht zerbrechen, und den glimmenden Docht
wird er nicht auslöschen. Er wird das Recht
wahrhaftig halten lehren. (4) Er wird nicht matt
werden noch verzagen, bis daß er auf Erden das
Recht anrichte; und die Inseln werden auf sein
Gesetz warten. (5) So spricht Gott, der HERR,
der die Himmel schafft und ausbreitet, der die
Erde macht und ihr Gewächs, der dem Volk, so
darauf ist, den Odem gibt, und den Geist denen,
die darauf gehen: (6) Ich der HERR habe dich
gerufen in Gerechtigkeit und habe dich bei dei-
ner Hand gefaßt und habe dich behütet und habe
dich zum Bund unter das Volk gegeben, zum
Licht der Heiden, (7) daß du sollst öffnen die
Augen der Blinden und die Gefangenen aus dem
Gefängnis führen, und die da sitzen in der Fins-
ternis, aus dem Kerker. (8) Ich, der HERR, das

ist mein Name; und will meine Ehre keinem andern geben noch meinen Ruhm den Götzen. (9) Siehe, was ich zuvor habe verkündigt, ist gekommen; so verkündige ich auch Neues; ehe denn es aufgeht, lasse ich's euch hören. (10) Singet dem HERRN ein neues Lied, seinen Ruhm an der Welt Ende, die auf dem Meer fahren und was darinnen ist, die Inseln und die darin wohnen! (11) Rufet laut, ihr Wüsten und die Städte darin samt den Dörfern, da Kedar wohnt; es sollen jauchzen, die in den Felsen wohnen, und rufen von den Höhen der Berge!

Ich will euch segnen mit Meiner Liebe. Ich will euch segnen mit Meinem Wort, das euch eure Sünden aufdeckt und euch die Erlösung von euren Sünden aufzeigt. Ich tröste euch allezeit. Freut euch mit Mir: Die Zeit ist nahe, da Ich wiederkomme.

Die Erwartung Meiner Wiederkunft, die Freude darüber, verwandelt euch. Durch Meinen Propheten Jesaja ließ Ich sagen : „Die alten Weissagungen haben sich erfüllt und die neuen werden sich erfüllen!“ Eher wird Himmel und Erde vergehen, bevor Meine Worte vergehen! Bei Meiner Himmelfahrt ließ Ich den Meinen durch die beiden Engel sagen:

„So, wie JESUS aufgefahren ist gen Himmel, so wird er wiederkommen!“ (Apostelgeschichte, Kap. 1, Vers 9-10). Ich habe Meine Jünger damals auf dem Ölberg versammelt, sie waren Augenzeugen Meiner Himmelfahrt. Ich werde Meine Füße wieder auf den Ölberg setzen und alle werden Mich sehen, alle werden Meine persönliche Wiederkunft erleben!

Zuerst werden sich Meine Verheißungen am Volke Israel erfüllen, denn mit ihm habe Ich einen Bund gemacht. Großer Jubel wird im Volk Israel sein. Auch unter den Heiden, die Mich angenommen haben, wird Liebe und Freude sein. Diese Zeit kommt bald. Darum belehre Ich euch über die Ereignisse der vorangehenden Endzeit. Wenn es heißt: „Einheit, Friede, Sicherheit“ (1. Brief des Paulus an die Thessalonicher, Kap. 5, Vers 3) dann berufe Ich Meinen Engel von der Erde ab und der Übermensch, der Antichrist (= Zeitalter des hochtrabenden Verstandes, überbordenden Egoismus und einer materialistischen Weltanschauung, HH), tritt seine Weltherrschaft an, die Gerichte brechen über die Erde herein. (Daniel, Kap. 8, Vers 9-26).

Sobald sich die Völker vereinigt haben, tritt der Antichrist aus dem höllischen Abgrund auf. Der Geist Satans ist in ihm, aber er tarnt sich mit großer Liebe, Güte, Gerechtigkeit und Menschenfreundlichkeit (die Demokratie und der Kapitalismus, HH), um das Vertrauen der Menschen zu gewinnen. Dabei wird der Antichrist mächtig unterstützt durch den falschen Propheten, der Mein Wort verfälscht. (Die „große Hure“ als die äußeren Kirchen, die den irdischen Wohlstand pflegen und predigen! HH)

Ich ermahne euch: Erkennt die Zeichen der Zeit und haltet die Wahrheit im Glauben fest, dass ihr das Heil nur in Mir, JESUS CHRISTUS, besitzt.

Wer folgte Mir denn nach, als Ich als JESUS auf Erden wandelte? Es waren nur wenige. Ich kam nicht im eigenen Auftrag, sondern im Auftrag Meines Vaters im Himmel. (Der EWIGEN LIEBE). Ich prophezeite: „So ein Andrer in seinem eigenen Namen kommt und aus sich selbst redet, den werden die Menschen annehmen.“ (Joh. Evglm. 5,43). Dies wird sich nun durch den Antichrist erfüllen.

Wenn Ich nicht Meine schützenden Hände über

Meine kleine auserwählte Schar, die Mich lieben, halten würde und nicht die Endzeit abkürzte, sie alle würden in der Versuchung fallen und den Antichristen anbeten. Denn die Meinen Namen tragen, werden verfolgt, gemartert und getötet. Deshalb braucht ihr Meine Liebe, die Freund und Feind einschließt. Nur wenn ihr in Meiner Liebe bleibt, seid ihr bewahrt.

Ich, euer himmlischer Vater, lasse es nicht zu, dass eins Meiner Kinder vom Satan verführt wird, ohne dass das Kind zuvor ausdrücklich von Meinen Engeln und von Mir in seinem Herzen gewarnt und belehrt worden ist. In der großen Trübsal wird jeder Mensch vor die entscheidende Frage gestellt: Wen betest du an (d. h. wie handelst du), Gott (= in der Nächstenliebe) oder den Antichristen (= in der Eigenliebe)? Ein jeder wird gewarnt durch Meinen Heiligen Geist! Der Mensch hat zu entscheiden zwischen Meinem Liebegeist und dem Geist der Welt, dem Geist Satans (das ist der Weltsinn, der Materialismus, der Egoismus, HH). Viele Menschen werden dem Antichrist, der aus dem Abgrund kommt und Verderben bringt, verfallen und ihn anbeten. (Offenbarung Johannes, Kap. 13, Vers 8 und 13-14), (siehe die zerstörerische Industrialisierung, der Kapitalismus und die Auswüchse der Selbstsucht, HH).

Der Antichrist (d.h. die selbstliebige und selbstgerechte Geisteshaltung) wird große Macht entfalten und die Völker beherrschen. Ihm zur Seite steht der falsche Prophet aus dem römischen Hause, der große Wunder tut. (Offenbarung Johannes, Kap. 13, Vers 11-13). Viele Menschen werden den Antichrist anbeten (dem hochtrabenden Verstand folgen, HH) und selbst die Juden empfangen ihn als den verheißenen Messias. Und die östlichen Völker werden ihm dienen und ihn anbeten. Auch die Mehrzahl der Christen verfallen ihm, sie wissen dann nicht aus noch ein, weil sie geistig schlafen.

Weil so viele Christen schläfrig geworden sind, darum kann sie der Antichrist (das reine Verstandesdenken, HH) und der falsche Prophet (das Kirchentum, HH) verwirren. Wer nicht in Mir, in Meiner Liebe, fest gegründet ist, wird der Lehre des falschen Propheten verfallen. Dieser wird Meine Kinder verfolgen und alles daran setzen, Meine Lehre auszurotten (siehe den heutigen Kampf gegen die Neuoffenbarung von Seiten der Kirchen, HH).

Einen Teil der großen Trübsal müsst auch ihr miterleben. Aber fürchtet euch nicht, Ich bewahre die Meinen! Ich gebe euch Erleuchtung und Kraft! Mein Pfingstgeist, Mein Liebegeist, ist immer in euch tätig und hört nicht auf, euch im Glauben zu stärken und mit Mir zu vereinen.

Wenn die Namenschristen, die schläfrigen Christen, die Wahrheit des Evangeliums verlassen und die Liebegebote nicht mehr beachten, sollt ihr erkennen, dass die Zeit der Verführung und Verfolgung angebrochen ist. An den fleischlich gesinnten (aufs äußere Wohlergehen bedachten, HH) Christen erkennt ihr, welche Zeit es ist.

Ihr aber sollt geistlich (geistig) gesinnt sein! Eure Liebe wird erprobt. Versuchungen kommen über euch. Um euretwillen muss Ich das zulassen, denn ihr sollt Überwinder werden und Meine Lichtträger sein. Es ist besser, ihr kommt freiwillig von den äußeren Freuden ab, ihr löst euch jetzt schon, als dass euch später alles genommen werden muss. Hängt euer Herz nicht an Äußerlichkeiten! Auch wenn ihr euch nicht im direkten Bereich der Ereignisse, des letzten Kampfes, befindet, so werdet ihr dennoch von den Auswirkungen mitbetroffen. Besonders diejenigen, die den Weg bis zum Ende gehen müssen.

Ihr sollt euch jetzt schon in der barmherzigen Liebe üben, damit ihr diese Liebe in der großen Trübsalzeit ohne Zagen anwenden könnt. Lernt es, eure Feinde lieben! Ihr seid Meine Kinder, seid Freunde und Geschwister untereinander. Aber die barmherzige Liebe übt ihr noch zu wenig. Barmherzige Liebe erträgt die Fehler des Nächsten, sie wundert sich nicht über seine Schwächen, sie erbaut sich an den kleinsten Tugenden. Wenn ihr Taten barmherziger Liebe verrichtet, habt ihr Freude darüber, dass ihr lieben dürft. Ich helfe euch lieben. Legt euch einen Zwang auf, auch solche Menschen zu lieben, wo es euch schwer fällt: Die Unverträglichen, die Anmaßenden, die dämonisch geplagten und Besessenen, die Argen und Außenseiter, die unerträglich Habgierigen, die Nachtragenden, die Bösen, - liebt sie mit Meiner barmherzigen Liebe! Ihr könnt nicht zum inneren Frieden, zur inneren Freude, gelangen, wenn ihr nicht barmherzige Liebe übt! Deshalb kommt ihr in Anfechtungen, damit ihr es lernt für eure Lastenvermehrer zu beten, sie liebend aufzufangen und zu ertragen. Nicht nur mit den Lippen, aus vollem Herzen sollt ihr barmherzig sein. Und nicht nur dieses allein, noch etwas ist notwendig: Ihr müsst zu Mir kommen, Mir dafür danken, dass Ich euch solche Menschen in den Weg schicke, die euch in Versuchung und Anfechtung bringen, denn an ihnen reift ihr und an ihnen werdet ihr zu Überwindern. Ihr wisst, was Ich den Überwindern verheißen habe. (Offbg. Joh. K. 3, V. 7-12 Kundgabe Nr. 106).

Die Überwinder erleben zuerst die geistige Entrückung (Lösung von der Welt). Es kann sie nichts mehr anfechten, denn sie haben Mich, den CHRISTUS, in sich gefunden.

Eine große Gnade will Ich noch den Schläfrigen,

den Namenschristen, geben: Wenn sie aufwachen, werde Ich sie einer starken Glaubensprüfung unterziehen. In der Versuchung durch den Antichrist (der Welt, HH) wird es sich zeigen, wem sie anhängen und wie sie sich entscheiden. Die Demütigen unter ihnen, die noch willig sind, Mir nachzufolgen, werde Ich beschützen. Der falsche Prophet (die äußere Kirche, HH) wird große Wunder vollbringen, so dass es schwer sein wird ihn zu erkennen und das Wahre vom Falschen zu unterscheiden (siehe hier z. B. das äußere Spektakel in vielen Freikirchen, wie die sogenannten „Manifestationen des Heiligen Geistes“: Verzückungstrubel, Zungengeplapper, Toronto-Segen, etc. HH). Darum sollen Mich die Meinen jetzt schon in sich tragen (durch ein Liebeleben, HH)!

Ich beschütze die Meinen. Ich führe sie an einen Bewahrungsort, wie Ich einst Meine Getreuen aus Jerusalem geführt habe, bevor die Stadt durch die Römer im Jahre 70 vernichtet wurde. Ebenso zeige Ich es den Meinen in ihrem Herzen an, wenn die Zeit gekommen ist, da ihr aus den Großstädten fliehen sollt zum Bewahrungsort. (Offbg. Joh. Kap. 18, Vers 4 und Evglm. Lukas, Kap. 21, Vers 20-22). Fürchtet euch nicht. Meine Engel sind schon beauftragt, euch zu führen, wenn die Zeit da ist! Euer Wille ist frei! Doch wehe dem, der Meinem Ruf dann nicht folgt! Wer in der Liebe bleibt, weiß dann die Zeit und Stunde des Weggehens aus den Städten und Gefahrenzonen zum Bewahrungsort. Wer Meine Liebe in sich hat, der hört Meine Stimme und folgt Meinem Ruf.

Wenn der falsche Prophet sich in seiner Macht ganz sicher fühlt, dann wird der Antichrist (der Weltverstand, HH) sein wahres Gesicht zeigen und wird sagen: Ich bin Gott! Ich brauche keinen Propheten und keine Kirche! Alle Menschen haben Mich anzubeten! Ich bin Gott! Dann erkennen die Völker mit Schrecken, wen sie anbeten. Es folgt die Vernichtung der Kirche. Drei Jahre schwerer Gerichte kommen über die Menschen, welche dem falschen Propheten zugejubelt und den Antichristen angebetet gaben. (Evglm. Matthäus, Kap. 24, Vers 3-13). Der Antichrist wird in seinem Größenwahn seinen Mitarbeiter, den falschen Propheten, vernichten. (Offbg. Joh. Kap. 17 Vers 16) Somit findet der falsche Prophet, - die große Hure - ein Ende mit Schrecken, bereitet durch Menschen, die sich mit ihrem freien Willen dem Antichrist zur Verfügung stellen.

Nun werdet ihr fragen: Ja, Herr, es sollen doch zwei Zeugen auftreten, bevor das Endgericht kommt. (Offbg. Joh. Kap. 11) Auch darüber will Ich euch belehren. Ihr sollt wissen, was vor euch liegt. Es sind nur noch einige Jahrzehnte, in denen sich die Ereignisse abspielen (Stand von 1963!, HH). Die zwei Zeugen sind Elias und Henoch. Elias ist der Prophet, der nicht durch den Tod hindurch musste (2. Könige, Kap. 2, Vers 11-12), Henoch ward mit seinem Körper von der Erde hinweggenommen. (1. Mose, Kap. 5, Vers 24 und Haushaltung Gottes, Bd. 3). Auch Henoch ging nicht durch den Tod hindurch. Der Tod ist der Sünde Sold. Jeder Mensch, der vor der Entrückung und dem Beginn des tausendjährigen Reiches auf eurer Erde lebt, muss durch den Tod hindurch, damit er an Meinem himmlischen Auferstehungsleben, an Meinem Sieg über den Tod, Teil habe.

Im unerschütterlichen Friedensreich gibt es keinen Tod. So müssen also die beiden Zeugen Elias und Henoch noch durch den Tod hindurch. Sie kommen im israelitischen Volk wieder und werden Mich mit Kraft und Vollmacht verkünden; deshalb verfolgt und getötet werden, aber nach drei Tagen wieder auferstehen. (Offbg. Joh. Kap. 11, Vers 3-12). Darnach kommt das Endgericht. Mit seherischer Freude verkündete Jesaja vom Jubel des Volkes über das neue Gnadenzeitalter.

Ja: Ich komme und werde Meine Füße auf den Ölberg setzen. Alle werden Mich erkennen, die einen mit Freuden, die andern mit Schrecken. Denn mit einem Hauche meines Mundes werde Ich die Spötter und Knechte des Satans von der Erde vertilgen. (Offbg. Joh, Kap. 11, Vers 13 und 2. Thessal. Kap. 2, V. 8). Das bedeutet: Durch Katastrophen, Erdbeben, Steinhagel, Feuer und Seuchen werden die Anhänger des Antichristen vom Erdboden hinweggefegt und mit Satan für 1.000 Jahre gebunden. (Hesekiel, Kap. 38, Vers 22; Sacharja, Kap. 14, Vers 12; Offbg. Joh. Kap. 20, Vers 2.). Das treu verbliebene jüdische Volk, das Mich, JESUS CHRISTUS, als ihren Messias angenommen hat, werde Ich in die Freiheit setzen und mit ihm alle Heidenchristen, die Mich lieb haben. Bei Meinem Erscheinen auf dem Ölberg werden Judenchristen und Heidenchristen miteinander jubeln, in dankbarer Freude darüber, dass sie den großen Tag der Erlösung vom Antichristen miterleben dürfen.

Jetzt seufzt ihr noch, Meine liebe kleine Herde, unter den furchtbaren Anfechtungen und erneuten Drangsalen und Trübsalen und ihr sehnt euch nach dem kommenden Friedensreich. Tag und Nacht sollt ihr euch sehnen nach Meiner Wiederkunft! Alles andere ist unwichtig! Habt Mich lieb und eure Herzen werde Ich segnen mit Liebe und Weisheit. Nehmt die Trübsale auf euch! Durch die Trübsale reift ihr aus in der vollen Hingabe an Mich. Durch die Trübsale lernt ihr die barmherzige Liebe leben. Durch die Trübsale seid ihr in der Lage, alle liebend zu umfangen: Die Argen und Bösen, die Verführten und Verirrten. Ihr wundert euch nicht mehr über ihr Verhalten, weil ihr geistig durchschauen dürft und sie mit Meiner Liebe tragt in unendlicher Geduld.

Wenn eure Vernunft sagen will: Jetzt ist Schluss! Ich mache nicht mehr mit! Dann sage Ich euch: Diese Vernunft ist nicht durch die Liebe erleuchtet! Die Wahrheit ist niemals eine alleinige Angelegenheit der Vernunft, sondern auch des Herzens! Vernunft, Klugheit, Gerechtigkeit und Güte werden erst durch die reine Liebe zur Wahrheit!

Es ist Mein Wille, dass ihr gütig und barmherzig sein sollt, dass ihr lieben lernt, wie Ich euch liebe. Empfangt den Geist Meiner Liebe, den Ich segnend über euch ausbreite und sagt in eurem Herzen: „Vater, Ich will! Alles was Du schickst, will Ich annehmen und Dir dafür danken in großer Freude! Denn Du hast nun das Leid in Freude umgewandelt. Du hast mein Herz mit Friede, Barmherzigkeit und Langmut erfüllt." Meine Söhne und Töchter! Tragt euch untereinander und werdet nicht müde, eure Mitmenschen zu lieben. Für jede barmherzige Liebestat gebe Ich euch unaussprechliche Freude.

Etliche von euch, die Mir ihren Eigenwillen geopfert haben, sind voll Loben und Danken, ihre Freude ist groß, weil sie mit Meiner Hilfe barmherzige Liebe schenken dürfen. Wenn ihr liebt, fließt Mein Segen durch euch und alles, was ihr bittet, will Ich euch geben. Alles, was ihr dann bittet in Meinem Namen, wird euch gegeben. So groß ist Meine Liebe zu euch!

J.H. Nr. 114, Buch 3

Endzeit . Zukunft . Gegenwart

Gott hat es den Menschen vorausgesagt, was die Erde betrifft laut Heilsplan von Ewigkeit. Er will nicht, dass sie unvorbereitet den letzten Tag erleben, Er will sie nicht plötzlich überraschen in ihrer Unvollkommenheit, sondern ihnen zuvor noch reichlich Gelegenheit geben, vollkommen zu werden. Er will sie ermahnen, sich geistig einzustellen, Er will sie warnen vor den Folgen, so sie Seinen Mahnungen nicht Gehör schenken, und Er will die Seinen von allen Dingen unterrichten, die in der Endzeit in Erscheinung treten werden, um deren Glauben zu stärken und ihnen Hoffnung und Zuversicht zu geben auf ihre Erlösung.

Er lässt nichts über die Erde kommen, ohne die Menschen vorher darauf hinzuweisen, auf dass sie Ihn erkennen sollen in allem, was geschieht. Er geht aber nie und nimmer von Seinem ewigen Heilsplan ab, der in aller Weisheit bedacht ist von Ihm in Erkenntnis seiner Wirksamkeit. So kann wohl das Ende auf sich warten lassen, es kommt aber unwiderruflich, und darum sind alle Voraussagen wörtlich zu nehmen, die das Ende der Welt betreffen und die Zeichen der Endzeit.

Es kann der Mensch stets die Stunde des Endes erwarten, er muss immer damit rechnen, in der Gegenwart das Ende sich vollziehen zu sehen, und also größten Wert legen auf die Gestaltung seiner selbst, seiner Seele, dass sie unbeschadet hervorgehe und bestehen kann vor Gott am Tage des Gerichtes.

Sowie der Mensch das Ende auf die Zukunft verlegt, ist er lau und träge in der Arbeit an sich selbst. Rechnet er aber mit der Gegenwart, dass sich in ihr die Voraussagen Gottes erfüllen, dann nimmt er es auch ernst mit der Wandlung seines Wesens, und dies bezweckt Gott von Anbeginn, und Er spornt die Menschen an zur Umgestaltung ihres Wesens.

Doch auch Seine Ankündigungen werden einmal zur Gegenwart, sie werden sich erfüllen aufs Wort. Und so die Menschen kurz davorstehen, werden sie den Voraussagen am wenigsten Glauben schenken, und daran schon ist zu erkennen, dass die letzte Zeit gekommen ist. Wenn niemand mehr rechnen wird mit einer Umgestaltung der Erde, wenn die Menschen jede Belehrung darüber abweisen, wenn sie nur rein irdisch und materiell alles Geschehen betrachten und den göttlichen Schöpfer unbeachtet lassen, d.h. jeden Zusammenhang des Schicksals der Menschen mit einem göttlichen Willen verneinen, dann ist die Stunde nicht mehr fern, denn dann ist die Menschheit in dem Reifegrad angelangt, der das

Ende bedingt.

Dann werden sich die Ankündigungen Gottes erfüllen aufs Wort zum Entsetzen derer, die nicht glauben und also völlig unvorbereitet sind, und zur Freude und zum Trost der wenigen, die der letzten Stunde harren als Stunde der Erlösung aus größter irdischer Not.

Denn einmal wird auch die Zukunft zur Gegenwart, und ob auch die Liebe Gottes unendlich groß ist, einmal tritt die Gerechtigkeit Gottes an ihre Stelle und beendet einen Zustand, der unheilvoll ist für das Geistige im Universum, das noch nicht vollkommen ist.

Darum soll immer wieder den Menschen das Ende vorgehalten werden, sie sollen hingewiesen werden auf das Wort Gottes, Der Sich Seiner Propheten bedient, um die Menschen zu warnen und zu mahnen, und also zu ihnen spricht durch Mittler.

Das Ende steht kurz bevor, und selig, der sich an die Voraussagen hält und sich vorbereitet für jenes. Denn unerwartet wird der Tag kommen und hinwegraffen alles Lebendige von der Erde, um es dem ewigen Leben oder dem Tode zuzuführen, wie Gott es verkündet hat in Wort und Schrift.

Amen.

BD Nr. 3579 vom 16.10.1945, enthalten in Buch 46

Die Zeichen der Endzeit

Anmerkung: Dieses Wort erging vor mehr als einem halben Jahrhundert an uns. Viele Zeichen der Zeit liegen heute bereits sehr deutlich vor unseren Augen.

Ihr könnt dessen gewiss sein, dass sich alles erfüllt, was Ich durch Seher und Propheten verkündet habe, denn das Ende rückt immer näher, und ihr werdet es an den Zeichen der Zeit erkennen, in welcher Stunde ihr lebt.

Immer wieder wird der Einwand gebracht, dass in schlimmen Zeiten stets ein Ende gefürchtet wurde und dass immer wieder die Erde weiterbestanden habe, dass schon Meine Jünger mit einem baldigen Wiederkommen Meiner Selbst rechneten und dass auch sie sich täuschten.

So auch wollen sie nun Meinen Ankündigungen kein Gehör und keinen Glauben schenken, und immer wieder betone Ich es: dass einmal die Zukunft zur Gegenwart wird und dass ihr Menschen nun in einem geistigen Tiefstand angelangt seid, der ein Ende dieser Erde bedingt, worunter jedoch nur eine Totalumgestaltung der Erdoberfläche zu verstehen ist, nicht eine Zerstörung des Schöpfungswerkes Erde. Denn diese Erde wird auch weiterhin ihre Aufgabe im Universum erfüllen, sie wird weiterhin Menschen tragen zwecks Ausreifens ihrer Seelen, doch sie muss zuvor dafür wieder tauglich gemacht werden.

Mein Wort ist Wahrheit, und wenn Ich euch von oben Mein Wort zugehen lasse, wenn Ich euch Menschen Meinen Heilsplan darlege, damit ihr auch um alle Zusammenhänge wissen sollt, dann will Ich wahrlich nur damit bezwecken, dass ihr Meine

Warnungen und Mahnungen gläubig entgegennehmt und euch entsprechend einstellt zu Mir. Denn ihr sollt weiter denken als nur an euren täglichen Lebensablauf, ihr sollt nachdenken darüber, was vor euch liegt, weil ihr eines wisst, dass ihr sterben müsst und selbst euer Leben nicht um einen Tag verlängern könnt, dass ihr also abhängig seid von der Macht, Die euch ins Leben rief.

Diese Gedanken sollt ihr ernstlich in euch bewegen, und es wird dies nicht euer Schaden sein, denn Ich werde euch dann auch helfen, innerlich ins klare zu kommen und nun auch dem Gedanken an ein Ende nahe treten, was dieses Ende für einen jeden einzelnen von euch zu bedeuten hat.

Glaubt ihr an einen Gott und Schöpfer, Dessen Liebe euch ins Leben rief, dann werdet ihr auch nicht so beunruhigt sein, wenn ihr auf ein nahes Ende hingewiesen werdet, denn dann wisst ihr, dass dieser Gott und Schöpfer auch euer Schicksal in der Hand hält, dass ihr euch nur Seiner Liebe und Gnade zu empfehlen braucht, um ungefährdet nun auch durch die vor euch liegende Zeit hindurchgeführt zu werden. Und die Hinweise darauf werden euch nicht erschrecken, sondern ihr werdet euch nur inniger anschließen an euren Gott und Schöpfer, Den ihr als euren Vater von Ewigkeit erkennt.

Doch die Ungläubigen werden hart betroffen werden, und diesen gilt Meine immerwährende Prophezeiung eines nahen Endes, denn sie können sich noch wandeln in der kurzen Zeit, die ihnen noch bleibt.

Achtet nur auf die Zeichen der Zeit, denn schon Meinen ersten Jüngern habe Ich diese bekanntgegeben. Ihr aber steht schon im Beginn der Trübsalzeit, ihr hört von Kriegen, von Erdbeben, die Unglücksfälle und Katastrophen mehren sich, ihr könnt im Kosmos Änderungen beobachten, und ihr seht auch das Treiben der Menschen, die entartet sind und glauben, in Meine Schöpfung eingreifen zu können, die sich zu Versuchen hinreißen lassen, die Gottwidrig sind und kein gutes Ende nehmen werden.

Achtet der Gesinnung der Menschen, die im Weltgenuss schwelgen, die hart und lieblos sind und der Not des Nächsten nicht gedenken.

Achtet auf die Glaubenslosigkeit, auf ihre Einstellung zu Jesus Christus und Seinem Erlösungswerk, und ihr werdet wissen, dass ihr schon mitten in der Zeit lebt, die dem Ende vorangeht. Denn auch der Glaubenskampf wird entbrennen mit einer Härte, die ihr nicht für möglich haltet.

Dieser geistige Tiefstand zieht das Ende heran, und er hat auch schon den Grad erreicht, dass Mein Eingriff begründet wäre, Ich aber gehe nicht ab von dem Tage, der in Meinem Heilsplan von Ewigkeit festgelegt ist. Aber Ich werde diesen Tag auch nicht hinausschieben, denn in Meiner Weisheit erkannte Ich auch, wann die Zeit gekommen ist, da das Umgestaltungswerk vor sich gehen wird.

Ich werde daher bis zum Ende Meine Stimme ertönen lassen und das nahe Ende ankündigen, und wohl dem, der dieser Stimme achtet und sich vorbereitet, wohl dem, der mit Mir die Verbindung herstellt und im Glauben an Mich und Meinen Schutz alles an sich herankommen lässt, wohl dem, der zu den Meinen gehören will und Mir treu bleibt bis zum Ende. Denn diesen versehe Ich mit ungewöhnlicher Kraft, und er wird standhalten und den Tag des Endes nicht zu fürchten brauchen.

Amen.

BD Nr. 8277 vom 20.09.1962, enthalten in Buch 87

Zeichen der Zeit

Habet acht auf die Zeichen der Zeit. Schaut um euch mit den Augen des Geistes, und ihr werdet erkennen, zu welcher Stunde ihr lebt, ihr werdet erkennen, dass die Nacht im Anzug ist und dass euch nur noch wenige Minuten des Lichtes gegeben sind, bis die Nacht hereinbricht.

Alles weist auf den baldigen Verfall hin, die Liebe erkaltet unter den Menschen, und wenige nur dienen dem Nächsten in Uneigennützigkeit. Merkt auf, wie selten noch die Wahrheit anzutreffen ist unter den Menschen, wie blind sie einhergehen ohne Wissen um das Schicksal, dem sie entgegengehen, so sie sich nicht ändern.

Erkennt an allen diesen Zeichen, dass die Lebensuhr vieler Menschen abgelaufen ist, erkennt, dass das Ende nahe ist.

Ich kann euch keine andere Zeitbestimmung für das Ende geben, ihr müsst selbst das Tun und Treiben um euch verfolgen, auf dass ihr wisst, wann der Tag zu Ende geht. Ich mache euch aufmerksam, weil Ich nicht will, dass ihr überrascht werdet und der letzten Zeit zum Opfer fallt, denn das muss euch gesagt werden, dass ihr euch nicht täuschen lassen dürft durch die scheinbare Besserung der Lebensführung einzelner; es muss euch gesagt werden, dass, weltlich gesehen, kein Anlass vorliegt zu einer Änderung, dass aber plötzlich ein solcher geschaffen und nun auch die Stunde Meines Eingreifens gekommen ist, die Ich ständig angekündigt habe.

Achtet auf alles, was um euch vorgeht, und desto eher werdet ihr erkennen, in welcher Zeit ihr lebt. Verliert nur nicht den Glauben an Mich und Meine Liebe, denn alles, was Ich tu und zulasse, hat eure seelische Entwicklung zum Ziel, wenngleich es euch grausam erscheint und ihr Mich nicht daran zu erkennen vermögt.

Die Meinen können sich sicher fühlen in Meinem Schutz, sie können vertrauend Meine Hilfe erwarten in jeder irdischen und geistigen Not; die Meinen brauchen nichts zu fürchten, was auch kommen mag, so sie nur ihre Augen zu Mir erheben, also ständig mit Mir verbunden bleiben in Gedanken und durch die Tat.

Und so ihr also wisst, dass nicht mehr viel Zeit ist, bis die Erde eine große Umwälzung erfährt, so bereitet euch darauf vor; beachtet nicht die Welt, sondern zollt eurem Seelenleben die größte Aufmerksamkeit, schafft eurer Seele Gelegenheit zum Ausreifen, indem ihr um euch blickt, und wo ihr Not seht, helfend eingreift. Klärt auch die Mitmenschen auf über den Ernst der Zeit und predigt ihnen die Liebe, weil nur die Liebe ihnen Kraft gibt, das Leben zu ertragen, das noch vor ihnen liegt. Zeigt ihnen durch Beispiel die Auswirkung eines Liebelebens, seid selbst stark im Glauben und tätig in der Liebe, und eure Kraft wird sich steigern, und alles werdet ihr bewältigen, was euch aufgebürdet wird. Ihr werdet auch die schwerste Zeit überstehen, weil Ich euch helfe - und ihr werdet ausharren bis zum Ende.

Amen.

BD Nr. 4735 vom 10.09.1949, enthalten in Buch 54

Glaubenskampf und Chaos

Den Zeitpunkt der geistigen Wende zu benennen würde der Menschheit nicht zuträglich sein, denn es ist ein genaues Wissen darum eine Beeinträchtigung des freien Willens, da sich dann der Mensch genötigt fühlen würde, seinen Lebenswandel zu ändern, so die vorbestimmte Zeit heranrückt. Dies ist aber nicht nach dem Willen Gottes, dass die Menschen in Kenntnis gesetzt werden zuvor, wann der Tag und die Stunde gekommen ist, sondern sie sollen nur wissen, dass das Ende (des Weltlebens im Materialismus, der Ausbeutung, Zerstörung und Gottesferne, HH) nahe ist, und an den Zeichen der Zeit dieses Ende erkennen. So aber gläubige Menschen Ihn um Aufschluss bitten, wird Er ihnen Antwort geben, so wie es ihrem Seelenheil dienlich ist.

Es geht dem letzten Gericht die Endzeit voraus (in dieser befinden wir uns bereits, HH), die durch einen außergewöhnlich rigorosen Glaubenskampf gekennzeichnet ist. Sowie der Glaubenskampf ganz offensichtlich geführt wird, sowie man alle Heimlichkeiten außer acht lässt und offen und rücksichtslos gegen alle geistigen Bestrebungen vorgehen wird, sowie Gebote und Verfügungen erlassen werden, die den Menschen jegliches geistige Streben untersagen, sowie man keines der göttlichen Gebote mehr achten wird, sowie eine Verfolgung einsetzen wird gegen alle gläubigen Menschen und diesen kein Recht mehr zugebilligt wird, ist die Endzeit in die letzte Phase eingetreten.

Bevor jedoch dieser Glaubenskampf entbrennen wird, wird die Menschheit sich in einem geistigen und irdischen Chaos befinden; es wird überall nur ein Rückgang zu erkennen sein, was auch in Betracht gezogen wird. Dieser Rückgang wird veranlasst werden durch Menschen, die vom Satan beherrscht sind (von egoistischen Verstandesmenschen, HH). Er wird sich äußern in irdischen Vernichtungen und Zerstörungen, in lieblosen Verfügungen, in einem Gott-widrigen Lebenswandel, in Aufruhr und Empörung wider die herrschende Gewalt und brutale Unterdrückung durch diese, in Freiheitsbeschränkung und Umgehung von Recht und Gerechtigkeit.

Diese Zustände aber werden eintreten nach einer gewaltigen Erderschütterung, die durch den Willen Gottes stattfinden wird, um ein Völkerringen zum Abschluss zu bringen, das menschlicher Wille nicht beendet. Es wird diese Erderschütterung für die davon betroffenen Menschen eine Umänderung ihres gewohnten Lebens bedeuten, eine Zeit größter Entsagungen und schwierigster Lebensverhältnisse, und es wird diese Zeit wohl geeignet sein für die Verbreitung des göttlichen Wortes, doch nimmermehr für eine weltlich-kirchliche Macht einen Aufschwung bedeuten.

Es werden die Menschen zwar eifrig bestrebt

sein, eine irdische Besserung ihrer Lebensverhältnisse zu erzielen, doch diese Bestrebungen werden sich nicht vertragen mit geistigem Streben, mit dem Glauben an eine Macht, Die sie zur Verantwortung zieht, und mit den göttlichen Geboten, die Liebe fordern.

Darum wird alles angegriffen werden, was hinderlich ist, um das alte Wohlleben wieder herzustellen, und darum setzt der Glaubenskampf nicht lange nach dem göttlichen Eingriff ein, der das Weltgeschehen in andere Bahnen lenkt. Es werden die Ereignisse schnell aufeinanderfolgen, denn der geistige Tiefstand der Menschen beschleunigt sie, und der geistige Tiefstand ist erkennbar an dem lieblosen Handeln der Menschen, an ihrem Denken, das von tiefster Verdorbenheit zeugt und Handlungen vorbereitet, die als satanisch anzusprechen sind.

Daran werdet ihr Menschen auch den Zeitpunkt erkennen, wo Gottes Eingriff zu erwarten ist. Ihr werdet an dem Weltgeschehen selbst einen Zeitmesser haben, ihr werdet an den Handlungen, zu denen die Menschen fähig sind, ersehen, dass sie gänzlich sich von Gott entfernt haben, und dies wird eindeutig die Ansicht widerlegen, dass unter dieser Menschheit ein geistiges Aufblühen noch zu erwarten ist.

Die Menschen, die treu zu Gott stehen, werden zwar ihr inniges Verhältnis zu Ihm verstärken, sie werden in Wahrheit Seine Kirche sein, die durch Elend und Drangsal sich behaupten wird, jedoch klein ist das Häuflein derer. Die Welt aber verleugnet Gott, sie feindet alles an, was für Gott ist, und diese geistige Not ist bezeichnend für das nahe Ende.

(Anmerkung: Dies sieht man heute bereits überall, man betrachte bloß die materialistische Evolutionstheorie. Auch wird keine Seele mehr akzeptiert, alles mache das Gehirn, heißt es. HH)

Darum habt acht auf die Zeichen der Zeit, habt acht auf das Gebaren der Menschheit, auf ihren Abfall von Gott und ihren Hang zur Welt, so die Menschen offensichtlich unter dem Einfluss des Satans stehen, so sie ihm hörig sind und alles tun, was wider die göttlichen Gebote verstößt, so ihnen nichts mehr heilig ist, weder das Leben des Mitmenschen noch dessen Hab und Gut; so die Lüge Triumphe feiert (z.B. die Lehre vom Urknall, der Evolution und allem, was die Existenz Gottes negiert. HH) und die Wahrheit (z.B. dass wir Geschöpfe Gottes sind, eine unsterbliche Seele haben, für unser Handeln Rechenschaft ablegen müssen und es eine ewige Geisterwelt gibt, HH) angefeindet wird, wisst ihr, dass das Ende nicht mehr weit ist. Ihr werdet dann die Geschehnisse verfolgen können, wie es euch verkündet ist.

Und so wisst ihr, dass keine lange Zeit mehr vergeht, dass keine lange Frist euch gegeben ist, dass das Ende in kürzester Zeit euch bevorsteht. Und ihr müsst euch darum vorbereiten, ihr müsst leben, als sei ein jeder Tag der letzte, weil ihr nicht wisst, wann ihr abberufen werdet und ob ihr das Ende noch erleben werdet auf Erden.

So ihr aber benötigt werdet als Streiter Gottes in der Kampfzeit vor dem Ende, so lenkt Gott auch euer Denken recht und ihr werdet es erkennen, wann die Zeit gekommen ist, die Zeit des göttlichen

Eingriffes durch Entfesseln der Naturgewalten, die Zeit des Glaubenskampfes und die Zeit des letzten Gerichtes.

Gott will, dass ihr die Menschen aufmerksam macht, also wird Er auch euren Geist erhellen und dieses Denken so lenken, dass ihr das Rechte erkennt und nur das als recht Erkannte aussprecht und den Mitmenschen vermittelt.

Amen.

BD Nr. 3209 vom 02.08.1944, enthalten in Buch 42

Zeichen der Endzeit

Ihr werdet von Mir angesprochen werden auch auf ungewöhnliche Art, und ihr sollt der Zeichen achten, die ihr ersehen werdet am Himmel und auf Erden, denn alle großen Ereignisse werfen ihre Schatten voraus. Daran werdet ihr auch ersehen können, in welcher Stunde ihr lebt, denn die Zeit kann euch nicht angegeben werden, weil ihr sonst nicht mehr fähig wärt, euer Leben auf Erden zu Ende zu leben, weil ihr vor Angst vergehen oder euer Leben vorzeitig selbst beenden würdet.

Darum braucht ihr auch niemals jenen Propheten Glauben zu schenken, die euch eine Zeit angeben, da das Gericht eintreten wird, denn diese sind falsch und sie verwirren nur das Denken der Menschen. Der Zeichen aber sollt ihr achten, die Ich immer euch angekündigt habe, denn es wird um Meines Namens willen noch zuvor ein Kampf entbrennen, und ihr, Meine Diener auf Erden, werdet zur Rechenschaft gezogen werden.

Es ist dies ein sicheres Zeichen, dass nicht lange danach der letzte Tag kommen wird, denn Ich habe gesagt: "Ich werde die Tage verkürzen...", denn dieser Kampf wird mit aller Brutalität geführt werden, so dass Ich Selbst kommen muss, um ihn zu beenden. Und Ich werde kommen, ihr braucht diesen Kampf nicht zu fürchten, weil Ich euch ausstatten will mit großer Kraft um derer willen, die noch schwach oder unentschlossen sind und denen ihr als Beispiel dienen sollt, auf dass sie noch den

Weg zu Mir finden.

Aber sowie der Glaubenskampf ersichtlich ist, der in allen Teilen der Erde erkenntlich sein wird, dann ist auch das Wirken Meines Gegners so offenbar, dass er gebunden werden muss, denn dann wird es allen Menschen auf Erden schwergemacht, den Glauben an einen Gott und Schöpfer zu erhalten, Der Himmel und Erde regiert. Und dann wird Meine Macht in Erscheinung treten, und Meine Weisheit wird wahrlich das Rechte tun, um die Erde wieder zur Schulungsstation des Geistigen werden zu lassen.

Denn es hat eine Zeit ihren Abschluss gefunden, es beginnt eine neue Epoche für die Menschen, die Ich als Stamm des neuen Geschlechtes entrücken werde vor dem Ende. Dann wird wieder ein paradiesischer Zustand sein, wo alle Menschen in Liebe leben und auch in rechter Liebe zu Mir, so dass Ich mitten unter ihnen sein kann, wie Ich es verheißen habe denen, die ausharren bis an das Ende, denn diese werden selig sein. Dass aber zuvor noch eine Notzeit über die Erde gehen muss, ist unabwendbar, weil noch einige wenige gerettet werden sollen, weil sie die Erlösung finden sollen durch Jesus Christus, Dessen Name daher in aller Welt noch vorher verkündet wird. Aber die Zeit der Trübsal ist schon angebrochen, und viel Elend wird die Welt noch sehen.

Die Meinen aber erkennen die Zeit, und sie halten sich an Mich, und Ich werde sie wahrlich stärken und ihnen allzeit Hilfestellung leisten, wenn sie schwach zu werden drohen. Denn Ich stehe Selbst an ihrer Seite und gehe als Heerführer ihnen voran, darum werden sie auch Sieger bleiben im letzten Kampf, sie werden unter Meiner Kraft stehen und hoffen auf Mein Kommen und sie werden standhalten bis an das Ende, und wessen Kraft zu schwach ist, den rufe Ich noch vorher ab, denn er soll nicht Meinem Gegner zum Opfer fallen.

Aber jederzeit sollt ihr bitten um verstärkte Kraftzufuhr, ihr sollt nur immer mit Mir verbunden bleiben, und es wird auch diese schwere Zeit an euch vorübergehen und Mein Kommen wird euch erretten aus aller Not. Ihr werdet eingehen können in das

Reich des Friedens, die neue Erde wird euch aufnehmen in aller Pracht und Herrlichkeit, und ihr werdet ein neues Leben beginnen in und mit Mir, Der Ich bei euch weilen werde, wie Ich es verheißen habe. Amen.

BD Nr. 7737 vom 03.11.1960, enthalten in Buch 81

Vermehrtes Leid in der Endzeit. Gottes Liebe

Was auch über euch kommen mag, zweifelt nicht an Meiner Liebe zu euch und an Meiner Macht. Wisset, dass alles nötig ist, sowohl für euch, die ihr als Meine Mitarbeiter auf Erden tätig seid in der letzten Zeit vor dem Ende, als auch für die Menschen, die Mir fernstehen und noch gewonnen werden sollen für das geistige Reich.

Dass ihr, die ihr Mir angehören wollt, auch betroffen werdet von dem Leid, ist nicht zu umgehen, doch immer wieder gebe Ich euch die Versicherung, dass ihr nicht ohne Meine Hilfe und Meinen Schutz bleiben werdet, dass selbst das Schwerste für euch ertragbar sein wird, so ihr Mir innig verbunden bleibt.

Es ist die Zeit der großen Trübsal angebrochen, von der geschrieben steht, dass sie die letzte Zeit einleitet, und jeder einzelne wird sie spüren müssen; nur wer Meinem Gegner angehört, der wird unberührt bleiben und irdisches Wohlergehen zu verzeichnen haben.

Aber lasst euch davon nicht beirren, Meine Liebe gehört euch, die ihr leiden müsst, euch bedenke Ich anders als mit irdischen Gütern, euch gebe Ich geistigen Reichtum, wenngleich Ich Mir auch eure irdischen Sorgen angelegen sein lasse. Ihr werdet nicht zu darben brauchen, Seele und Leib will Ich mit Nahrung versehen, also braucht ihr euch nicht zu sorgen um deren Erhaltung. Dennoch werdet ihr kämpfen müssen und große Kraft benötigen, die Ich euch stets zuführe durch Mein Wort. Je inniger ihr Mein Wort begehrt und es aufnehmt in euer Herz, desto leichter werdet ihr durch das Erdenleben gehen, selbst wenn es, äußerlich gesehen, schwer ist für euch.

Die Zeit der Trübsal ist angebrochen. Denkt daran, wenn ihr das Leben nicht mehr ertragen zu können glaubt, denkt daran, dass das Ende nahe ist und dass unweigerlich eine Notzeit vorangehen muss, weil Ich es vorausgesagt habe und Mein Wort sich erfüllen muss und weil anders die Seelen nicht mehr gerettet werden können, die noch nicht gänzlich Meinem Gegner verfallen sind. Und denkt daran, dass die Zeit bis zum Ende nur noch kurz ist und darum vermehrtes Leid bringen muss, um das Ausreifen zu beschleunigen, auf dass ihr am Ende in einem Zustand seid, dass Ich euch zu Mir nehmen kann, dass ihr Mich schauen könnt, wenn Ich in den Wolken kommend Mich euch sichtbar machen will.

Denkt daran, dass dieses Schauen einen Reifegrad erfordert, der nur durch Liebeswirken und Leid erreicht werden kann, dass Ich euch aber auch letzteres erträglich machen kann, so ihr nur glaubt. Lasset euren Glauben stärker werden, und ihr könnt euch dadurch selbst das Leid verringern, denn dann werdet ihr erreichen, was ihr erbittet, weil Ich euch die Verheißung gegeben habe: "Bittet, so wird euch gegeben werden, klopfet an, so wird euch aufgetan...." Amen.

BD Nr. 4288 vom 28.04.1948, enthalten in Buch 51

Große geistige Not in der Endzeit

Ihr dürft euch nicht wundern über die verwirrten Ansichten der Menschen in der letzten Zeit vor dem Ende, ganz gleich, auf welchem Gebiet. Es herrscht überall Mein Gegner, und er beeinflusst das Denken derer, die nicht ganz fest mit Mir verbunden sind. Die Meinen aber werden sich fragen, wie es möglich ist, dass ein so verkehrtes Denken unter der Menschheit eingesetzt hat, denn sie sind von Mir Selbst geleitet in ihrem Denken und können es daher nicht verstehen, in welcher Gedankenrichtung sich die

Menschheit bewegt, weil sie wenig Glauben hat und ihren Weg allein geht, ohne Mich und deshalb sich Mein Gegner ihnen beigesellen kann.

Irdisch und geistig haben sich die Menschen abgewendet von der Wahrheit, von natürlichem Empfinden und von allem Guten und Schönen. Dagegen huldigen sie der Welt in krassester Form, d.h., sie verzerren alles und haben jegliches Empfinden für das Rechte und Gute verloren, und geistig befinden sie sich in tiefster Finsternis, sie wissen nichts über geistige Zusammenhänge, über ihren Gott und Schöpfer und ihre Erdenlebensaufgabe und begehren, auch nichts darüber zu erfahren. Sie leben in ganz verkehrter Willensrichtung und geben daher Meinem Gegner uneingeschränkte Macht, die er gebraucht in übelster Weise, und eine Hilfe ist so lange unmöglich, wie in ihnen selbst nicht das Verlangen auftaucht, Klarheit zu gewinnen in allen Dingen. Es muss aus ihnen selbst dieses Verlangen emporsteigen in der Erkenntnis, dass die Welt und ihre Güter vergänglich sind und dass ihr Leben nicht nur Selbstzweck sein kann, sondern Mittel zum

Zweck sein muss.

Diese Erkenntnis können sie gewinnen, sowie sie sich gleichsam ausgelebt haben, sowie sie irdisch genossen haben, was ihnen begehrenswert erschien. Es können Stunden innerer Besinnung kommen, die ihnen das bisher gelebte Leben schal und widersinnig erscheinen lassen, und dann ist es möglich, dass sie eine Wandlung vornehmen, dass sie zugänglich sind den Reden der Mitmenschen, die auf rechten Wegen wandeln und jene zu überzeugen suchen, dass ihr Weg der rechte sei, und es sollten sich Menschen der geistigen Not eines Mitmenschen erbarmen und fürbittend ihrer gedenken, denn solche Gebete bleiben nicht unerhört.

Doch zumeist behält der Gegner seine Macht über solche Menschen, und die geistige Not wird immer bedrohlicher und veranlasst auch die Umwandlung dieser Erde. Denn sowie der geistige Tiefpunkt erreicht ist, ist auch eine Zerstörung der alten Erde mit allen ihren Schöpfungen begründet, eine totale Umwandlung alles dessen, was unreifes Geistiges in sich birgt zum Zwecke der Aufwärtsentwicklung.

Stets wird vor dem Ende einer Erlösungsperiode dieser entgeistete Zustand unter den Menschen sein, weil viele Menschen zu dieser Zeit über die Erde gehen, die noch viel unausgereiftes Geistiges in sich bergen, dessen Zeit aber abgelaufen ist, die ihnen zur Freiwerdung aus der Form zugebilligt wurde. Diese Menschen können zur Reife gelangen in der Zeit bis zum Ende, aber sie müssen ihren Widerstand gegen Mich aufgeben, sie müssen ihren Willen wandeln und Mir zuwenden. Doch ihnen fehlt der Glaube an Mich als Gott und Schöpfer, Der ihnen Kraft zuwenden kann und will. Ohne solche aber sind sie zu schwach. Sie werden aber ständig hingewiesen auf die Macht, Die ihnen das Leben gab, sowohl durch Mein Wort, das auch diese Menschen zuweilen erreicht, als auch durch das Erleben, das eigene Schicksal und das der Mitmenschen. Denn Ich gebe Mich allen Menschen zu erkennen, die nur darüber nachdenken, was ihnen das Erdenleben beschert.

Das Denken steht dem Menschen völlig frei, er

wird wohl beeinflusst von Meinem Gegner oder auch von den Lichtkräften, aber nicht gezwungen, in der gleichen Richtung zu denken wie jene. Solange aber der Mensch von Mir aus Denkfähigkeit besitzt, muss er sich auch verantworten, wie er sein Erdenleben genutzt hat, denn von Mir aus wird alles getan, um sein Denken anzuregen.

(16.11.1962) Und darum ist es auch den Menschen möglich, auf Erden zur Reife zu kommen, die ihnen den Eingang in das Lichtreich gestattet, die in noch sehr unreifem Zustand diese Erde betreten. Sie mögen beschaffen sein, wie sie wollen, es ist ihnen nicht unmöglich, sich zu wandeln und zur Vollendung zu gelangen, weil Meine Gnade ungewöhnlich allen zufließt und sie nur genutzt zu werden braucht. Selbst einem sehr schwachen Willen trage Ich Rechnung, indem Ich solche Menschen in Lagen kommen lasse, wo ihr Widerstand nachlässt und es ihnen leichtfallen könnte, sich Mir zuzuwenden.

Ich wende jedes Mittel an, das noch Erfolg verspricht, auf dass die Seele nicht dem Los der

Neubannung verfalle. Die letzte Freiheit aber muss Ich ihnen belassen; und eine große Gnade ist es, wenn sie vorzeitig aus dem Erdenleben abberufen werden, weil sie dann auf Erden nicht mehr tiefer fallen können und im jenseitigen Reich wahrlich alles versucht wird, um sie vor einem weiteren Fall zur Tiefe zu bewahren. Doch dann halten sie sich noch in Erdnähe auf, und sie können auch das Schicksal mancher Menschen auf Erden verfolgen, die ihnen nahestanden im Erdenleben. Auch in der geistigen Welt können sie noch denken, wenn auch oft verwirrt, doch es wird ihnen immer wieder Beistand gewährt von Seiten der Lichtwesen, die sich ihnen, in gleichem Gewand verhüllt, zugesellen und mit ihnen reden. Es wird alles versucht, die Seelen auf den Weg zur Höhe zu bringen, immer ohne Willenszwang, doch in liebender Fürsorge, die auch zuweilen erkannt und dankend angenommen wird.

Sowie aber diese Erlösungsperiode zu Ende geht, sind auch die Pforten in das geistige Reich geschlossen, d.h., es ist dann schon auf Erden die Scheidung vollzogen worden von den Böcken und Schafen. Es bleiben nur noch jene Menschen zurück, die Mir treu sind und entrückt werden auf die neue Erde. Die anderen aber sind Meines Gegners Anhang, und sie teilen auch das Los Meines Gegners. Sie werden gebunden wieder auf endlos lange Zeit.

Darum sollt ihr nicht die Menschen bedauern, die aus dem Leben gerufen werden, denn an jenen ist immer noch eine Besserung zu erzielen, sie sind nicht gänzlich Meinem Gegner verfallen, wenngleich sie auch im jenseitigen Reich noch absinken können, während die Zurückbleibenden wohl bis zuletzt noch die Möglichkeit haben umzukehren und dann auch gerettet werden vor dem Untergange, aber diese Möglichkeit wenig nutzen und darum einem entsetzlichen Los entgegengehen.

Ihr werdet auch den Heimgang eurer Lieben zuvor als einen Gnadenakt Meinerseits ansehen dürfen, und sowie ihr ihnen liebende Gedanken und Fürbitte nachfolgen lasst, braucht ihr auch nicht mehr zu fürchten, dass sie verlorengehen. Es sollen euch diese Zusicherungen Meinerseits immer tröstlich berühren und alle Schicksalsschläge, Unglücksfälle und Katastrophen erklären, wo viele Menschen ihr Leben verlieren. Denn Ich will die Zahl der Unseligen, die eine Neubannung erfahren, verringern, soweit dies möglich ist, denn sie wird sehr hoch sein, ist doch Mein Gegner am Ende in einer Weise tätig, dass er großen Anhang hat und behält.

Doch das eine steht fest, dass sowohl auf der Erde als auch im geistigen Reich gerungen wird um jede einzelne Seele, dass alles getan wird, um die Menschen auf den rechten Weg zu führen und den abgeschiedenen Seelen Hilfestellung zu leisten. Denn alle sollen zur Seligkeit gelangen.

Amen.

BD Nr. 8329 vom 16.11.1962, enthalten in Buch 88

Der Satan weiß, dass er nicht mehr lange Zeit hat

Die Pforten der Hölle öffnen sich desto weiter, je näher das Ende heranrückt. Alle Kräfte der Finsternis entfalten sich und stürmen auf die Menschen ein, und der Fürst der Unterwelt hat große Macht. Er sieht sich am Ende seiner Zeit und sucht diese noch auszunutzen in jeder Weise, und die Menschen in ihrer Willensschwäche gebieten ihm nicht Einhalt, sondern sie sind ihm willige Diener, die er bestimmt zu Gott-widrigem Handeln, um sie von Gott auf immer zu trennen. Der Fürst der Unterwelt weiß, dass er nicht mehr lange Zeit hat. Unwiderruflich wird seine Macht gebrochen, so das Ende dieser Erde herangekommen ist, und an dem Wüten des Satans ist es zu erkennen, dass das Ende nicht mehr weit ist.

Die grausamsten Geschehen häufen sich, es werden Taten ausgeführt, die niemand zuvor für möglich hielt, vor nichts schrecken die Menschen zurück, und sie erkennen selbst nicht mehr, in welcher Tiefe sie sich befinden, in welche Tiefe sie hineingezogen sind von einer Macht, die außerhalb jeder göttlichen Ordnung steht, die gänzlich bar jeder Liebe ist und die auch in den Herzen der Menschen jeden Liebesfunken erstickt, die jedes Flämmchen verschüttet, das noch glimmt im Verborgenen.

Es ist eine Zeit grenzenlosen Hasses und krassester Lieblosigkeit, die Menschen leben nicht mehr wie Brüder untereinander, sondern sie feinden sich an in jeder Weise, und nur wenige halten zusammen und lassen sich nicht geistig vergewaltigen, d.h., sie wehren sich gegen die Übergriffe des Satans und flüchten zu Gott, Ihn um Hilfe bittend gegen den Feind ihrer Seelen. In diesen ist die Liebe noch nicht erstickt, und ihr Handeln entspricht den Geboten Gottes, und darum werden sie vom Feind ihrer Seelen ganz besonders bedrängt in der letzten Zeit, und zwar durch die Mitmenschen, die den Willen dessen ausführen, der sie verderben will.

Die Hölle hat ihre Pforten geöffnet, zahllose

Teufel kommen hindurch und begeben sich in Erdennähe, ihren giftigen Hauch auf dieser verbreitend und zu nutzen nach dem Willen ihres Herrn, und bereitwillig werden sie aufgenommen. Die Menschen selbst geben ihnen Spielraum, sie dulden sie nicht nur in ihrer Nähe, sondern sie treten ihnen freiwillig den Boden ab, darin sie böse Saat ausstreuen und ihn gänzlich vergiften können, sie öffnen ihre Herzen und wehren sich nicht wider die, die sie zu verderben suchen; und kommt ein Diener des Herrn, die Menschen zu warnen vor jenen Kräften der Unterwelt, sie zu ermahnen, die Türen zu schließen und nur dem Gott der Liebe Eingang zu gewähren, so werden sie ungehört von der Tür gewiesen, ihrer Worte wird nicht geachtet, und der Fürst der Unterwelt trägt den Sieg davon. Dies allein durch den Willen der Menschen, der frei ist und über sich selbst bestimmen kann.

Das Ende rückt immer näher heran. Gottes Sprache wird noch zuvor eindringlich zu vernehmen sein, jedoch auch nur wenig Beachtung finden, weil die Menschen schon zu sehr im Banne dessen liegen, der sie hinabzuziehen sucht in das Reich der Finsternis. Und das Licht wird nicht beachtet, das zu gleicher Zeit strahlend hell von oben zur Erde herabströmt.

Darum gibt es kein Aufhalten mehr, die Erlösungsperiode geht zu Ende, um von einer neuen Epoche abgelöst zu werden; der Satan wird gebunden und jeglicher Kraft beraubt und mit ihm alles Geistige, das ihm hörig ist, wie es verkündet ist in Wort und Schrift. Amen.

BD Nr. 3603 vom 15.11.1945, enthalten in Buch 46

Grausamkeiten . Endzeit . Letztes Gericht

Eine Zeit ungewöhnlicher Ereignisse wird die Menschen in ständiger Aufregung halten, denn nun bricht die Zeit des schwersten Kampfes an, und die Vorboten der Endzeit machen sich bemerkbar. Wie es verkündet worden ist zuvor, so wird es sich erfüllen. Das Chaos wird immer größer werden, die irdische Not wird sich steigern, die Menschen werden jegliche Hoffnung verlieren, es wird eine Trübsal anbrechen, und der geistige Tiefstand wird immer weiter sinken, denn die Menschen werden immer liebloser und sich Schaden zufügen in jeder Weise.

Es wird die Ichliebe vorherrschen und nur der eigene Vorteil bedacht werden bei jeder Handlung, und die Not wird immer größer werden dadurch. Es werden sich die Ereignisse überstürzen, es werden Dinge geschehen, die niemand vordem für möglich hielt.

Es wütet der Satan unter der Menschheit, und er sucht sie zu verderben, und die Menschen bieten ihre Hand zu den größten Scheußlichkeiten, sie schrecken vor nichts zurück aus Eigennutz und tierischen Begierden, sie nehmen Rache in einer Weise, die unmenschlich ist, und sie legen sich keinerlei Hemmungen auf.

Das ist die Zeit, wo große Anforderungen gestellt werden an das Gerechtigkeitsgefühl der Menschen, wo diese sich entscheiden müssen für Recht oder Unrecht, wo sie scharfe Grenzen ziehen sollen, wo die göttlichen Gebote überschritten werden, wo sie also nicht dulden sollen, was gegen diese Gebote verstößt, d.h. es nicht gutheißen dürfen durch Stillschweigen oder gar Zustimmung.

Es ist die Zeit, wo der göttliche Eingriff unvermeidlich ist, um der krassen Lieblosigkeit ein Ende zu bereiten, denn diese artet in die ärgste Grausamkeit aus. Was noch niemals auf Erden geschehen ist, das wird nun sich abspielen, und die Ereignisse werden kurz aufeinanderfolgen, weil keine lange Zeit mehr ist bis zum Ende. Dieses aber ist fürchterlich.

Darum rüttelt Gott zuvor noch an die Herzen der Menschen, und Er sucht sie zum Denken zu veranlassen, und also lässt Er sie teilnehmen an dem Schicksal der gesamten Menschheit. Er hindert die Menschen nicht, so sie sich gegenseitig zerfleischen, und es wird die Welt Dinge erleben, die unvorstellbar sind in ihrer Größe und Grausamkeit.

Denn es ist die Zeit des Endes und diese eine Zeit

des Schreckens, die nur noch übertroffen werden kann durch das letzte Gericht, das aber nicht von Seiten der Menschen über die Erde kommt, sondern nur ein Akt der göttlichen Gerechtigkeit ist, um der namenlosen Ungerechtigkeiten ein Ende zu bereiten.

Amen.

BD Nr. 2901 vom 28.09.1943, enthalten in Buch 37

Glaubenslosigkeit und Teufel in der Endzeit . Glaubenskampf . Kommen des Herrn

Erschreckend wird sich die Glaubenslosigkeit auswirken in der letzten Zeit vor dem Ende, wo man nur dem irdischen Gewinn nachjagen und eines Gottes nimmer gedenken wird. Dann werden sich die Menschen gegenseitig betrügen und zu übervorteilen suchen, sie werden um der Materie willen alle schlechten Triebe entfalten, sie werden sich kein

Gewissen daraus machen, dem Nächsten Schaden zuzufügen, so sie selbst nur Vorteil davon haben. Sie werden nach Vermehrung ihrer Güter trachten, und all ihr Denken wird nur darauf gerichtet sein. Gott aber vergessen sie, sie glauben nicht an Ihn und fürchten Ihn nicht, sie glauben nicht an eine dereinstige Verantwortung und Strafe für ihre Sünden und sündigen daher ohne Bedenken und Angst vor einem Richter.

Irdisch sind sie gut bestellt, weil sie unterstützt werden vom Gegner Gottes, der sie zu immer größerer Gier nach materiellen Gütern antreibt. Wo der Glaube an Gott fehlt, dort hat er große Macht, darum ist die Glaubenslosigkeit überaus bedrohlich für die Menschen, denn sie gehen dem Verderben entgegen. Wo der Glaube fehlt, ist auch keine Liebe, die allein den Glauben aufleben lassen könnte. Wo die Liebe fehlt, dort sind die Menschen blind im Geiste, sie wissen nichts, und was sie wissen, ist falsch.

Finsternis ist über die Menschheit gebreitet, und die Erde geht dem Ende entgegen.

Irdisch gesehen ist keine Not, die Menschen leben im Wohlstand bis auf wenige, die noch fest sind im Glauben und von jenen angefeindet werden. Ihnen ist zwar für kurze Zeit ein hartes Los beschieden, doch sie erkennen an dem Wohlstand der Mitmenschen, die ohne Glauben sind, das untrüglichste Zeichen des Endes, weil dies ihnen vorausgesagt wurde, auf dass sie standhalten in dieser Not, die ihnen der Glaube an Gott einträgt.

Wenn die Zeit gekommen ist, wo sichtlich der Satan herrscht, dann ist auch das Ende nicht mehr weit, denn auch dieses ist angekündigt worden, dass am Ende die Welt voller Teufel ist, und wie Teufel werden sich auch die Menschen benehmen, die nicht glauben und darum den Gläubigen einen bitteren Kampf ansagen.

Doch dann ist auch das Kommen des Herrn nicht mehr weit, dann kann jeder Tag das Ende bringen, weil der Herr kommen wird, wenn die Not so groß ist, dass die Gläubigen zu verzagen glauben, wenn der Satan sein Spiel gewonnen zu haben glaubt, wenn der Unglaube so überhandnimmt, dass die

Gläubigen um ihr Leben fürchten müssen.

(Anmerkung: Hierunter muss vor allem der Verlust des geistigen Lebens verstanden werden, HH)

Dann kommt der Retter von oben, wie es verkündet ist. Er wird kommen in den Wolken (der Erkenntnis, HH) und die Seinen heimholen in das Reich des (inneren, HH) Friedens und auf Erden ein letztes Gericht halten. Dann ist das Ende gekommen, wo der Satan in Ketten gelegt wird und mit ihm alle, die ihm hörig waren; und eine neue Erde wird erstehen, die nur tief gläubige Menschen bewohnen, Menschen, die Gott treu bleiben im letzten Glaubenskampf und nun ihren Lohn empfangen: ein Leben im Paradies auf der neuen Erde.

Amen.

BD Nr. 4825 vom 29.01.1950, enthalten in Buch 55

Tag des Gerichtes . Teufel der Endzeit

Der Tag des Gerichtes wird alles beenden, gutes und böses Wirken auf dieser Erde, wie es verkündet ist in Wort und Schrift. Er wird ein Schrecken sein für das Böse, für die Teufel der Endzeit, die verkörpert als Mensch auf Erden weilen, wie er aber auch ein Tag der Freude und des Sieges ist für die Menschen, die das Gute anstrebten jederzeit, die Mich erkannten und bekannten trotz ärgstem Wüten jener Teufel, die unter der Herrschaft des Satans stehen.

Meine Gerechtigkeit wird offenbar werden, nichts wird sich verbergen können, nichts wird unter falschem Schein bestehen bleiben, jede Tat und jeder Gedanke wird offen zutage treten, und Ich werde die Menschen richten nach ihrem Lebenswandel, und alle Not wird ein Ende haben für die Meinen.

Die große Not für die, die Meinem Gegner hörig

sind, aber wird erst beginnen, und dies ist ihre Verdammnis, dass Ich sie erneut gefangennehme, dass sie, ihres freien Willens beraubt, in härtester Materie wieder werden schmachten müssen. Ein Wandel ihrer Gesinnung auf dieser Erde ist nicht mehr möglich, denn sie sind zu tief abgesunken und dem geistigen Zustand wieder nahe, der Mich bewog, die Schöpfung für das abgefallene Geistige erstehen zu lassen, und also müssen sie wieder den Gang durch die Schöpfung zurücklegen, soll einmal wieder die Möglichkeit bestehen, Mir im freien Willen nahezukommen.

Das Endgericht ist der Auftakt dazu und zugleich der Abschluss für die Seelen, die ihren Widerstand gegen Mich endgültig aufgegeben haben, die im freien Willen Mir zustrebten und Mein Wohlgefallen zu erringen trachteten auf Erden.

Und also wird geschieden das Gute vom Bösen, und vor den Augen aller Menschen auf Erden wird sich der Vorgang der Vernichtung abspielen, und es wird ein großes Entsetzen sein für alle Erdenbewohner.

Das Ende ist nahe und fürchten sollt ihr alle die Stunde des Gerichtes, die ihr heute höhnt und spottet und nicht mehr an die Gerechtigkeit Dessen glaubt, Der euch das Leben gab. Fürchten sollt ihr die Stunde und alles daransetzen, sie für euch nicht zur Stunde der Verdammnis werden zu lassen. Glaubt, dass die Zeit nahe ist, die Ich angekündigt habe stets und ständig, und bereitet euch darauf vor.

Denn die Zeit, die euch noch gegeben ist für euren Erdenlebenswandel, ist überaus kurz, es ist nur noch eine letzte Phase, die auch überaus leidvoll sein wird, und daran erkennt, dass ihr in der letzten Zeit lebt und das Ende keinen Aufschub mehr duldet, denn so die Teufel selbst auf der Erde wüten, beende Ich deren Bestehen.

Dass die Teufel wüten, werdet ihr alle erkennen können daran, dass ihr Treiben gegen Mich gerichtet ist, dass jegliche Liebe schwindet, dass die Menschen in krassester Lieblosigkeit sich gegenseitig Schaden zufügen, dass sie wie Teufel untereinander handeln und jegliche göttliche Ordnung außer acht lassen. Wo aber die Liebe schwindet, ist das

Reich Meines Gegners, und dieses Reich zerstöre Ich, so der letzte Tag gekommen ist, den Ich als Ende gesetzt habe seit Ewigkeit in Erkenntnis des Willens der Menschen und ihres geistigen Tiefstandes, der von ihrer Zugehörigkeit zu Meinem Gegner zeugt.

Ich rufe euch allen eindringlich zu: Gedenkt des nahen Endes! Bereitet euch vor, auf dass ihr zu den Meinen gehört, lasst euch nicht von den Teufeln verführen, sondern leistet ihnen Widerstand, auf dass ihr nicht unter das Gericht fallt. Denn der letzte Tag ist nicht mehr allzu fern, er wird euch überraschen, so ihr Meines Wortes nicht achtet, so ihr nicht glaubt. Ich aber will euch warnen, ehe es zu spät ist, und sende euch dazu Meine Boten zu, die euch Mein Wort bringen sollen, das Wahrheit ist und bleiben wird bis in alle Ewigkeit, denn es geht von Mir aus, Der Ich die ewige Wahrheit Selbst bin.

Amen.

BD Nr. 3657 vom 15.01.1946, enthalten in Buch 46

Sündflut . Endzeit . Weltlicher Aufstieg

Wie zur Zeit der Sündflut, so wird es auch kurz vor dem Ende sein. Die Menschen werden allen weltlichen Genüssen zugetan sein, ihren körperlichen Begierden und Lastern frönen, sie werden einen sittenlosen und unmoralischen Lebenswandel führen und keinen Gedanken nach oben wenden, dem Einen zu, Der Herr ist über Himmel und Erde, denn sie werden keinen Glauben mehr haben.

Ein geistiger Tiefstand wird sein, wie er noch nie erreicht worden ist seit Anfang dieser Entwicklungsperiode. Höhnend und lästernd werden sie den wenigen Gläubigen gegenüberstehen, sie anfeinden und verfolgen und ihnen alles versagen, was diese zum Lebensunterhalt benötigen. Sie selbst aber werden schwelgen und prassen, leben und lieben, aber ihre Liebe wird eine verkehrte, ihr Lebenswandel ein falscher sein, denn es sind Teufelsdiener, die in der letzten Zeit die Erde bevölkern, und die Auflösung der Erde wird nur einem Zustand ein Ende bereiten, der keine Aufwärtsentwicklung der Menschen mehr zulässt.

Es ist eine Zeit der Sündhaftigkeit, wie sie schlimmer nicht mehr gedacht werden kann. Gott wird völlig verdrängt werden, und die an Ihn glauben, denen wird man nach dem Leben trachten; und diese Zeit wird Gott Selbst beendigen, und es wird der letzte Tag kommen plötzlich und unerwartet, mitten im Freudentaumel der Welt, in dem die Menschen in der letzten Zeit ständig leben.

Darum wird ein scheinbarer Aufstieg zuvor zu erkennen sein, es wird den Menschen weltlich alles geboten werden, das Verlangen nach der Welt wird überstark sein, und skrupellos wird ein jeder sich selbst gewähren, wonach seine Sinne verlangen; es wird ein Kampf sein des Starken gegen das Schwache, und Sieger wird sein, der bar jeder Liebe sich aneignet, was ihm nicht zukommt, weil er den Satan selbst zum Gönner hat, der ihn materiell begünstigt und ihn zum erhöhten Lebensgenuss antreibt.

Die Sünde wird überhandnehmen und das Gericht

hereinbrechen, wenn keiner es ahnt, denn die Menschen müssen von der Erde vertilgt werden, so sie auf dieser Stufe der Entwicklung angelangt sind, weil sie dann wahre Teufelsdiener geworden sind und Gott völlig ableugnen; und dann kommt die Stunde der Verantwortung für alle Sünder, es kommt der Tag der Gerechtigkeit Gottes, es kommt der Tag des Gerichtes für alle, die dem Gegner Gottes angehören, und der Tag der Entlohnung für die wenigen Gottgetreuen, die standhalten und den Versuchungen der Welt nicht zum Opfer gefallen sind, wie es verkündet ist durch Wort und Schrift.

Es nimmt eine Erlösungsperiode ihr Ende, weil die Menschheit reif ist zum Untergang.

Amen.

BD Nr. 4374 vom 13.07.1948, enthalten in Buch 51

"Sie aßen und tranken" wie vor der Sündflut

Wie zur Zeit vor der Sündflut, so wird es auch nun wieder werden, so es dem Ende zugeht. Der Menschen wird sich eine erhöhte Lebenslust bemächtigen und die Welt wird mit allen Reizen auf sie einwirken. Die Menschen werden sich nicht mehr beherrschen können und beherrschen wollen und werden skrupellos das Leben genießen in Sündhaftigkeit. Denn es werden keine reinen Freuden sein, die sie begehren, sondern die Sünde wird überall vorherrschen, die Ichliebe wird jegliche Nächstenliebe verdrängen, und darum werden die Menschen sündig, weil sie dem Nächsten Schaden zufügen, um nur ihrem Körper Erfüllung der Wünsche zu verschaffen.

Es wird das Eigentum des Nächsten nicht geachtet werden und also verstoßen gegen alle Gebote. In erhöhtem Lebensgenuss wird die Stimme des Gewissens erstickt und in vollen Zügen genossen, was die Welt bietet. Die Welt aber ist das Reich des Gegners von Mir, und also kann von der Welt nur Schlechtes kommen, sie kann für die Seele nur eine Gefahr bedeuten, denn was dem Körper erfüllt wird, muss die Seele büßen, sie muss bezahlen, was der Körper verlangt.

Scheinbar also werden die Menschen sich des Glückes erfreuen dürfen, nur wer zu den Meinen zählt, der weiß, welche Stunde geschlagen hat, so die Menschen sich im Taumel des Genusses zu betäuben suchen. Dann ist das Ende ganz nahe, denn Ich habe euch dies schon lange angekündigt, dass es sein wird wie vor der Sündflut: sie aßen und tranken, sie freiten und ließen sich freien und achteten nicht der Mahnungen und Warnungen von oben.

Und es wird schwer sein, diesen Menschen das Evangelium zu predigen, denn da sie nur das irdische Leben achten und anstreben, fehlt ihnen jegliches Verständnis für das geistige Leben, und darum verlachen und verspotten sie jeden Wahrheitsträger, der sie zu bekehren suchen wird.

Doch mitten in den Freudentaumel kommt das

letzte Gericht, und darum wird es entsetzlich sein für alle, die in der irdischen Welt ihren Gott sehen, denn sie werden aus der Höhe stürzen in die Tiefe, aus der Freude in die größte Angst, sie werden aus dem Himmel stürzen in die Hölle, denn die Welt mit ihren Reizen war ihr Himmel, sie aber wird vernichtet werden und schärfste Gefangenschaft ist das Los derer, die ihre Freiheit auf Erden falsch nützten, die in der Sünde leben und auch in der Sünde sterben.

Hütet euch vor der Welt, denn sie ist eine große Gefahr für euch, sie bietet euch wohl jetzt noch manches Begehrenswerte, doch leistet darauf lieber Verzicht und trachtet nach den himmlischen Freuden, die nachher kommen, und entbehret, auf dass ihr dann in aller Fülle die Freuden des Himmels genießen könnet. Gehört nicht zu jenen, die nur sich selbst lieben und dem Körper jeden Genuss verschaffen wollen. Kurz ist der Freudentaumel, doch ein entsetzliches Erwachen folgt ihm, wie es angekündigt ist in Wort und Schrift.

Die Menschheit aber ist in großer Gefahr, denn sie ist schon jetzt geblendet von dem Truglicht der

Welt, und sie bleibt nicht stehen in ihren Ansprüchen, sondern wird sie erhöhen. Sie steuert mit Riesenschritten dem letzten Ende entgegen, sie sucht das Leben und wird den Tod finden, sie sucht die Freude und geht ins Verderben. Amen.

BD Nr. 4575 vom 28.02.1949, enthalten in Buch 53

Seher und Propheten der Endzeit . Wenig Verständnis

Es ist wenig Verständnis zu finden für die reine, von oben vermittelte Wahrheit, und die Menschen erkennen nicht den Wert des göttlichen Wortes. Sie werden von einem Lichtstrahl berührt und fliehen wieder in das Dunkel zurück, weil ihnen der Glanz nicht behagt. Sie sind ohne Verlangen nach der Wahrheit, sie glauben nicht an ihr Fortbestehen und leben daher nur für diese Erde.

In dieser Zeit werden Seher und Propheten

erweckt, die als Mahner und Warner vor die Menschen hintreten und ihnen den Untergang der Erde künden sollen. Sie werden wenig Glauben finden, und dennoch sollen sie immer wieder ihre Stimme ertönen lassen, sie sollen reden gegen jedermann von dem bevorstehenden Gericht, von der Dringlichkeit eines Wandels der Gesinnung und der Lebensführung der Menschen, sie sollen reden von der Liebe und Barmherzigkeit Gottes, aber auch von Seiner Gerechtigkeit, auf dass ihr Verantwortungsgefühl geweckt werde und sie aufwachen aus dem Schlafe.

Die Seher und Propheten werden nicht gelten im eigenen Lande, denn niemand will sie hören, und von den Vertretern der Welt werden sie angefeindet werden. Es sind dies Erscheinungen der letzten Zeit vor dem Ende, auf die immer wieder hingewiesen wird.

Noch werden die Menschen ermahnt zur Umkehr, doch so die Anzahl der von Gott erwählten Diener und Seher immer größer wird, ist das Ende nahe und die Gnadenzeit verstrichen. Dann wird sich erfüllen, was vorausgesagt ist. Es werden erschrecken die Ungläubigen, es werden stutzig werden die Zweifler, und es werden frohlocken die Gläubigen, weil sie eine sichtliche Stärkung ihres Glaubens erfahren, so sie erkennen, dass alles Wahrheit ist, was über das Ende vorausgesagt wurde.

Dann aber ist es zu spät für die Ungläubigen zur Umkehr, denn so der Tag des Gerichtes gekommen ist, wird keiner von jenen einen Gedanken fassen können, denn die Erde wird sich auftun und alles verschlingen.

Doch eines wird die Menschen vor dem Verderben schützen: das reine Wort Gottes, das Er Selbst zur Erde geleitet hat. Wer Dessen Kraft verspürt, den schrecken auch die letzten Tage nicht, denn zu wem Gott spricht, der wird auch aus allem Geschehen unbeschadet hervorgehen durch Seine Liebe und Macht.

Wer das Wort Gottes aufnimmt mit Herz und Verstand, der ist gefeit gegen alles Unheil der letzten Zeit, er steht im Licht, in einem Licht, das niemand mehr zum Verlöschen bringen kann; und das Licht wird die Finsternis durchbrechen und immer wieder Strahlen senden in die Dunkelheit und die letzten Seelen suchen, auf dass sie nicht verlorengehen. Wer sich von einem solchen Lichtstrahl durchleuchten lässt, der wird an seiner Kraft auch die Wahrheit verspüren und nun bewusst das Ende erwarten.

Der Herr wird kommen in den Wolken (d.h. verhüllt im Wort, HH), Er wird die Seinen sammeln und zu Sich holen (ins geistige Leben, HH), von der Erde (dem Materialismus, HH) hinweg, bevor sie durch Seinen Willen zerstört wird und das Grab aller derer, die Gott nicht erkannten und darum abstrebten von Ihm, die ohne Glauben dahinlebten; und die Erde wird sie verschlingen, und alle Not auf Erden wird zu Ende sein.

Amen.

BD Nr. 4870 vom 30.03.1950, enthalten in Buch 55

Prophetischer Geist . Heilsplan Gottes – Endzeit

Kundgabe von 1949

Durch alle Zeiten ist der prophetische Geist wirksam gewesen, um die Menschen hinzuweisen auf das Ende, und es hat ständiger Hinweise bedurft, weil die Menschen keine rechte Einstellung zu Mir und also auch zum geistigen Leben hatten, was ihren Erdenlebensgang zu einem erfolglosen werden ließ, so ihnen nicht in einer Weise Hilfe gebracht wurde. Es musste ihnen eindringlich vor Augen gehalten werden, dass das Erdenleben einmal ein Ende nimmt. Der Tod des einzelnen, der auch sie selbst überraschen konnte, schreckte sie nicht mehr, also musste ihnen ein völliges Vergehen der Erde in Aussicht gestellt werden, auf dass sie ihres Endes gedachten und ihren Lebenswandel änderten, d.h. ihre Gedanken geistig richteten.

Der Hinweis auf das Ende bezweckte lediglich

eine ernsthafte Selbstprüfung des Seelenzustandes, sowie der Mensch noch nicht gänzlich ohne Glauben war. Der Glaube aber war Voraussetzung, ansonsten auch ein Ende der Welt, ein Untergang der alten Erde niemals die Menschen schrecken würde, weil ein ungläubiger Mensch solches für unmöglich hält. Ist der Glaube aber dem Menschen verlorengegangen, so sind auch solche Hinweise erfolglos, und prophetische Kundgaben sind nach menschlicher Ansicht Hirngespinste religiös eingestellter Menschen, denen nicht die geringste Wahrscheinlichkeit zugebilligt werden könnte.

Also wird auch der Hinweis auf das nahe Ende ohne Eindruck bleiben, und das ist die Zeit, wo das Ende wirklich zu erwarten ist. Denn sowie die Erde vorwiegend ungläubige Menschen trägt, erfüllt sie nicht mehr ihren eigentlichen Zweck als Ausreifungsstation des Geistigen, da ein geistiges Leben kaum noch geführt wird, und nur die kleinste Schar der Meinen in ernstem Streben nach Mir einen Meinem Willen entsprechenden Lebenswandel führt.

Diese kleine Schar nun hat etwas Außerordentliches zu verfechten; sie wird sich überzeugen können, dass die Weissagungen der Seher und Propheten in Erfüllung gehen und dass sich eine gewaltige Veränderung im Kosmos vollzieht, die jedoch in Meinem Heilsplan von Ewigkeit vorgesehen ist, weil sie zur Aufwärtsentwicklung des Geistigen vonnöten ist.

Nur der Ungläubige wird zweifeln, der Gläubige aber an den Zeichen der Zeit das wahre Ende erkennen. Nur der Ungläubige steht ablehnend den Kundgaben gegenüber, die einen Untergang der alten Erde in Aussicht stellen, der Gläubige aber weiß, dass die Zeit gekommen ist, wie er aber auch überzeugt ist davon, dass Seher und Propheten die Wahrheit verkündeten und diese sich einmal erfüllen muss.

Wie weit die Menschheit in ihrer geistigen Erkenntnis gesunken ist, wie weit der Gegner unter der Menschheit als Herr anerkannt wird, wie schwach der Glaube allerseits geworden ist, davon kann sich ein jeder Mensch leicht überzeugen und schon daran erkennen, dass das Ende nahe ist und dass die Zeit gekommen ist, wo Ich eingreifen muss, um nicht die kleine Schar der Gläubigen noch dem Gegner zu überlassen, um ihnen ihren Glauben und ihre Treue zu belohnen, die sie Mir inmitten der Ungläubigen beweisen.

Es ist das Ende nahe, und wenig Zeit bleibt euch nur noch, das könnt ihr fest glauben und der Wahrheit Meines Wortes fest versichert sein, denn Mein Wort muss sich erfüllen, und es erfüllt sich, weil die Zeit gekommen ist.

Amen.

BD Nr. 4612 vom 12.04.1949, enthalten in Buch 53

Veränderung der Lebensverhältnisse

Große Veränderungen wird das Leben mit sich bringen, so es euch Menschen erhalten bleibt, denn unter den bestehenden Verhältnissen werdet ihr kaum euren Lebenswandel ändern, ihr werdet kaum die Verbindung mit Gott anknüpfen und euch vorbereiten auf das nahe Ende.

Ihr seht das Leid auf Erden nur als einen vorübergehenden Zustand an und nehmt daher keinen ernstlichen Anlauf zu einer totalen Umstellung, immer in der Hoffnung, in absehbarer Zeit in Ruhe und Frieden ein beschauliches Dasein führen zu können. Und ihr bedenkt nicht die große Gefahr, die eine solche ruhige Lebensführung für eure Seele bedeuten würde. Denn ihr würdet euch wenig um eure geistige Entwicklung sorgen, und das nahende Ende würde euch völlig unvorbereitet finden, weil die Welt mit ihren Freuden euch noch ganz und gar beherrschen würde, ihr also die Materie noch nicht überwunden hättet, wenn ihr eure letzte Willensprobe ablegen sollt.

Daher müsst ihr hingewiesen werden auf das nahe Ende. Es muss euer Denken in andere Bahnen geleitet werden, ihr müsst aus der Ruhe des Alltags herausgerissen und vor neue Aufgaben gestellt werden, die eure ernstliche Beteiligung erfordern.

Ihr müsst an der Not der Mitmenschen reifen, d.h., sie muss euch zum Liebeswirken veranlassen, sie muss in euch den Willen rege werden lassen, ihnen zu helfen, auf dass ihr durch diesen Willen zur Erkenntnis kommt, dass dieses Helfen-Wollen eigentlich eure Erdenaufgabe ist und ihr euch nun befleißigt, dieser Aufgabe nachzukommen.

Es wird diese Änderung eures Denkens nur eine Änderung eurer Lebensverhältnisse zuwege bringen, denn solange diese geordnet sind, ist der Mensch von einer gewissen Trägheit befallen und wird nichts mehr tun für sein Seelenheil. Er würde sich selbst und auch seine Mitmenschen ohne geistige Speise lassen, denn er wüsste nichts um deren Segen, und also bliebe er ohne Kraft und Gnade.

Darum wird eine Zeit anbrechen, die völlig abweicht von den bisherigen Lebensverhältnissen, die einen jeden Menschen treffen und berühren wird, weil nichts bleibt wie zuvor, sondern alles eine Änderung erfährt, die so gewaltig ist, dass sie sich an den Menschen auch auswirken muss mitunter zum Vorteil oder auch zum Nachteil, sowie er sich nicht ergeben in die Änderung fügt. Denn Gott weiß wahrlich, was der Menschheit dient. Er weiß um deren Not, und Er kennt die Mittel, diese Not zu beheben, und Er wird sie auch in Anwendung bringen, um die Gefahr eines völligen Versagens in der Endzeit noch abzuwenden, wo es möglich ist.

Amen.

BD Nr. 2918 vom 10.10.1943, enthalten in Buch 37

Großes Leid in der Endzeit

Ihr müsst den Weg des Leidens gehen in der letzten Zeit vor dem Ende, weil euch allen nur noch kurze Zeit bleibt und eure Entwicklung gefördert werden soll in jeder Weise. Wer an sich arbeitet mit aller Hingabe, mit allem Eifer, aus Liebe zu Mir, der wird auch die Schrecken der Endzeit erträglich empfinden, denn ihm leite Ich ungewöhnliche Kraft zu, und seinen Lebensweg wird er in Sicherheit, in

Glaubensstärke zu Ende gehen, ohne Schaden zu nehmen an seiner Seele.

Doch wie viele gehen gleichgültig dahin und gedenken weder des Endes noch ihrer geistigen Unreife. Dennoch will Ich sie nicht verlorengehen lassen, und darum wird viel Leid an diese Menschen herantreten, um ihnen Gelegenheit zu geben, sich zu entschlacken und einen gewissen Reifegrad zu erreichen, auf dass sie Eingang finden in das geistige Reich, wenn ihr Erdenleben beendet ist. Diese aber werden kaum die Glaubensstärke erreichen, die zu einem Leben im Paradiese der neuen Erde erforderlich ist.

Darum rufe Ich viele Menschen noch vorher ab, und dieser wegen wird auch die große Not über die Erde kommen, weil Ich nicht will, dass sie verlorengehen, sie aber ohne Leid in der Gefahr sind, sich zu verweltlichen und Meinem Gegner zum Opfer zu fallen. Macht euch noch auf großes Leid auf Erden gefasst, und wisst, dass Ich es euch deshalb nicht ersparen kann, weil Ihr ohne solches in größter Gefahr schwebt, euch zu verlieren an Meinen

Gegner.

Ihr, die ihr Mir dienen wollt, werdet darauf aufmerksam gemacht, und ihr sollt auch euren Mitmenschen das Leid ankündigen, denn einstmals wird es ihnen klarwerden, dass ihr die Wahrheit gesprochen habt, selbst wenn sie euch anfangs keinen Glauben schenken oder ungehalten sind über eure Voraussagen. Doch es wird kommen, wie Ich es euch verkündet habe und ihr selbst seht zu, dass ihr euren Glauben stärkt, dass ihr fest überzeugt seid in jeder Lebenslage von Meiner Hilfe.

Dann wird euch auch das kommende Leid nicht zu schrecken brauchen, denn so ihr Mich habt, wird alles für euch erträglich sein, was auch über euch kommen mag, und die Zeit währt nicht lang, denn um Meiner Auserwählten willen werde Ich die Tage verkürzen, auf dass sie standhalten und auch in größter Not Mir treu bleiben, Den sie erkannt haben als Vater, Der Seine Kinder nicht in der Not verlässt Amen.

BD Nr. 5426 vom 01.07.1952, enthalten in Buch 60

Erklärung für Leiden und Nöte der Endzeit

Ich gebe euch zu bedenken, dass ihr einen jeden Tag nutzen könnt zu eurer Vollendung, der euch noch vergönnt ist, und ob ihr noch so weit entfernt seid von Mir, ihr könnt selbst die weite Kluft überbrücken, sowie ihr nur zu Mir innig betet.

Dann seid ihr freiwillig den Weg zu Mir gegangen, und Ich komme euch wahrlich entgegen und ziehe euch zu Mir, und ob auch die Zeit nur noch kurz ist, da ihr auf Erden weilt, solange ihr einen freien Willen besitzt, könnt ihr diesen Mir zuwenden, und von Stund an gebt ihr Mir auch das Recht, euch an der Hand zu nehmen und zu führen.

Nur dieser freie Wille muss von euch aus tätig werden, den ihr Mir schenkt, wenn ihr zu Mir betet als eurem Gott und Schöpfer, Den ihr als mächtig anerkennt, und an Seine Liebe appelliert, dass sie euch helfe.

Nur ein inniges Gebet zu Mir verlange Ich, und

wahrlich, ihr seid gerettet für Zeit und Ewigkeit. Denn durch dieses Gebet erkennt ihr Mich wieder an als euren Vater, von Dem ihr einst ausgegangen seid, und ihr sucht durch dieses Gebet auch wieder die Bindung mit Mir, und dann kann auch Meine Kraft wieder in euch einstrahlen, und jeder Rückfall zur Tiefe ist nun ausgeschlossen, mache Ich doch nun Meinem Gegner gegenüber auch Mein Recht geltend, weil ihr auch Mein Anteil seid, das Ich nicht mehr hergebe, wenn es sich einmal für Mich entschieden hat.

Noch besitzt ihr das Ichbewusstsein, noch geht ihr als Mensch über die Erde, und ihr braucht nur die kurze Zeit noch gut zu nutzen, um euch zu vollenden, denn Meiner Unterstützung dazu könnt ihr nun auch gewiss sein, weil Ich noch bis zum Ende ringe um eine jede Seele, dass Ich sie gewinne für Mich. Nur kann Ich nicht von euch Besitz ergreifen, solange ihr selbst euch Meinem Gegner noch zuwendet und er daher auch das Recht hat über euch, das Ich ihm nicht streitig mache.

Mit geistigen Warnungen und Mahnungen kann

Ich euch Menschen jedoch nicht sehr beeindrucken, es müssen euch irdische Sorgen und Nöte bedrücken, dann besteht eher die Aussicht, dass ihr Meiner gedenkt und den Weg zu Mir nehmt mit der Bitte, euch zu helfen. Darum kann Ich Not und Sorgen von euch Menschen nicht abwenden, weil sie das letzte Mittel sind, euch zu einem Wandel eures Denkens zu veranlassen.

Darum wird auch das Leid in der Endzeit überhandnehmen, ein jeder Mensch wird selbst davon betroffen werden oder es an den Mitmenschen erleben müssen, denn es soll die Liebe in den Herzen der Menschen entfacht werden, und jede irdische Not kann Anlass dazu sein, dass die Herzen erweichen und hilfsbereit dem Mitmenschen beistehen.

Wo nur ein Liebefunke erglüht, werde Ich nachhelfen und die Menschen mit Kraft versorgen, weiterhin liebetätig zu sein. Dann stellen sie schon eine leise Bindung mit Mir her, die sie vertiefen entsprechend ihrem Liebegrad.

Bis zum Ende werden sich dem Menschen

Gelegenheiten bieten, wo er helfen kann in Uneigennützigkeit, ob er sie ausnutzt, das entscheidet sein Wille, der frei ist, aber gerade für diesen Willen ist er verantwortlich, denn sein Wille wird sowohl von Meiner als auch von des Gegners Seite beeinflusst, und er muss sich nun entscheiden.

Aber er kann denken, und gedanklich werden ihm Meine Lichtwesen beistehen, doch immer ohne Zwang auf ihn einwirken, wie auch Mein Gegner sie nicht zwangsmäßig lenken kann. Doch Meine Liebe lässt ihn nicht fallen, Meine Liebe verfolgt die Seele bis zum Tode des Leibes, und sie wird so oft angerührt von Mir, dass sie wahrlich sich für Mich entscheiden kann, und sowie sie nur Liebewerke verrichtet, habe Ich sie gewonnen, denn nun nähert sie sich Mir und empfängt immer wieder Kraft zum Liebewirken.

Die Liebe schließt uns zusammen, diese Seele kann nicht mehr verlorengehen.

Ohne Nöte und Leiden aber werde Ich nichts mehr erreichen auf dieser Erde, und das soll euch allen eine Erklärung sein, warum die Endzeit oft unerträglich zu sein scheint. Was Meine Liebe nicht mehr zustande bringt, kann nur noch durch Not und Leid geschehen, dass Ich Selbst angerufen werde im Leid und um Beistand gebeten werde. Dieser Ruf wird von Mir aus gewertet als Anerkennung Meiner Selbst, und entsprechend wird auch der Mensch bedacht werden, Ich werde Mich so offensichtlich kundgeben, dass der Mensch Mich nun erst erkennen lernt und auch er Mir Liebe entgegenbringt, und Ich werde ihn annehmen noch in letzter Stunde. Er wird bewahrt bleiben vor dem Los der Neubannung, und wenn auch sein Reifegrad noch so niedrig ist, so wird er ihn doch erhöhen können im jenseitigen Reich, weil die Gefahr eines Abfalles zur Tiefe nun nicht mehr besteht. Denn wer Mich einmal erkannt hat, der gibt Mich ewig nicht mehr auf.

Amen.

BD Nr. 8512 vom 28.05.1963, enthalten in Buch 89

Lehrtätigkeit in der Notzeit

Eine gemeinsame Arbeit muss einsetzen für alle, die Ich dazu berufen habe, auf dass sie Mein Wort predigen in größter irdischer Not. Überall werden Menschen nötig sein, die Mich verkünden und die Mitmenschen belehren sollen, denn überall wird große Not sein, überall werden die Menschen verzagt sein und sich nicht mehr zurechtfinden können, so ihnen jegliche Kenntnis mangelt um Mein Walten und Wirken, um Zweck und Sinn dessen, was den Menschen zu tragen auferlegt ist; denn solange ihnen ihr Ziel unbekannt ist, wissen sie auch nichts um die Mittel, dieses Ziel zu erreichen.

Ich werde daher die Schritte Meiner Diener hinlenken, wo ihre Wirksamkeit benötigt wird, wo Ich Herzen weiß, die bereit sind, sich zu öffnen und Mein Wort anzuhören. Es wird ein jeder wirken können in seinem Kreise, und mehr oder weniger groß wird dieser Kreis sein, je nach der Lehrfähigkeit Meines Dieners auf Erden, der nun sein Amt antritt vollbewusst, für Mich und Mein Reich tätig zu sein.

Darum greife keiner vor, sondern jeder warte geduldig, bis der Ruf an ihn kommt, bis Ich Selbst ihn anweise, vernehmbar durch sein Herz, denn alles nimmt zuvor seinen Gang nach Meinem Willen.

Es wird wohl Glaubensstärke gefordert von den Meinen angesichts der Not, die überall zutage tritt, die für viele Menschen untragbar erscheint und die Ich doch zulasse, um die Herzen jener Mir zuzuwenden. Die Meinen wissen um den Zweck der Not und sollen dieses Wissen den Mitmenschen übermitteln, und darum lasse Ich auch für die Meinen die Not zu, um ihnen die Möglichkeit zu geben, auf den Mitmenschen einzuwirken durch die Kraft ihres Glaubens, die alles leichter ertragen und überwinden lässt.

Den Meinen stehe Ich bei, sowie sie Mich rufen, und darum wird ihre Not auch allzeit erträglich sein, denn immer wieder wird ein Ausweg sein, wo menschlich keine Hilfe möglich erscheint. Sie aber sollen Mir dienen in dieser Zeit, sie sollen für Mich reden und Meiner Liebe, Weisheit und Allmacht

Erwähnung tun, sie sollen Mich bekennen vor der Welt und den Mitmenschen die rechte Einstellung zu Mir anempfehlen, die allein ihnen Schutz und Hilfe sichert. Sie sollen lehren und Mich und Mein Wort verkünden, und dies immer, wenn es möglich ist, besonders aber in der großen Notzeit, die Meinem Eingriff auf Erden vorangeht und ihm auch folgen wird.

Wo ihr große Not seht, wisst ihr, dass euer Wirken erforderlich ist, und euer gemeinsames Wirken wird nicht ohne Erfolg sein, so ihr selbst glaubensstark seid und Mich stets und ständig im Herzen tragt. Dann wird euch selbst die Not nicht schrecken, wenngleich ihr täglich Augen- und Ohrenzeugen davon seid. Denn ihr wisst, warum Ich sie zulasse, ihr erkennt ihre Notwendigkeit und den Segen, den ein jeder Mensch daraus ziehen kann.

Darum ist ein jeder einzelne von euch nötig zur Verbreitung Meiner Lehre, und jeder einzelne wird tätig sein können entsprechend seiner Fähigkeit, immer aber Meines Segens gewiss, weil Ich rüstige Arbeiter brauche für Meinen Weinberg in der Zeit, die dem letzten Ende vorangeht.

Amen.

BD Nr. 3731 vom 31.03.1946, enthalten in Buch 47

Erweckungswelle in der Endzeit

Eine große geistige Erweckungswelle geht über die Erde, denn das Ende ist nahe, und in der letzten Zeit sollen noch viele Seelen gewonnen werden für das geistige Reich. Die Liebe Gottes ist unendlich und hilft überall nach, wo die Menschen kraftlos sind, weil sie ohne Liebe leben. Der Gnadenstrom Gottes fließt unentwegt den Menschen zu, und wo nur ein Herz sich öffnet, um diesen Gnadenstrom aufzunehmen, wird die Kraft Gottes offenbar, und der Mensch legt Zeugnis ab von Jesus Christus, dem Sohn Gottes und Erlöser der Welt.

Darum wird überall das Wort Gottes verkündet, das aber erst dann wirkungsvoll sein wird an den

Menschen, wenn ein vom Geist Gottes erfüllter Mensch es predigt, der den Worten Leben gibt, und darum auch die Zuhörer sich berührt fühlen, und solche vom Geist Gottes erfüllte Prediger wird es immer mehr geben in der letzten Zeit. In jeder Weise offenbart Sich der Herr des Himmels und der Erde, durch vieler Menschen Mund spricht Er, doch immer erst dann, wenn eine geistige Erweckung vorangegangen ist. Dann aber treibt der Geist im Menschen diesen zu eifriger Tätigkeit an für Gott und Sein Reich.

Im gleichen Maße aber wirkt auch der Gegner Gottes, und sein Bemühen ist das gleiche: die Menschen reden zu lassen für sich, damit die Finsternis verbreitet wird und Gott an Seiner Macht verlieren soll. Die Menschheit lebt in verwirrtem Denken, sie hat keine Unterscheidungsgabe mehr, sie nimmt an und verwirft, völlig willkürlich, denn sie ist unfähig, Wahrheit als Wahrheit und Irrtum als Irrtum zu erkennen. Diese Unfähigkeit nutzt der Gegner Gottes, indem er die Wahrheit zu durchsetzen sucht mit Irrtum.

Wo nun göttliche Offenbarungen zur Erde geleitet werden, wo der Geist Gottes in einem Menschen wirken kann, dort ist die reine Wahrheit, und diese erfährt auch den Schutz Dessen, Der Sich dadurch offenbaren will. Es kann der Gegner nur dort einwirken, wo das Wahrheitsverlangen nicht vorherrscht, wo also Gott, als die ewige Wahrheit Selbst, nicht an erster Stelle steht oder wo noch erdgebundene Gedanken hervortreten, wo der Geist Gottes nicht unbeschränkt herrschen kann im Menschen. Dann tritt er zurück, und die feindliche Macht gewinnt Einfluss auf die Gedanken des Menschen, der aber glaubt, vom Geist Gottes belehrt zu werden. Dann kann auch nicht gesprochen werden von geistiger Erweckung, dann war vielleicht der Wille vorhanden, doch er tat nicht, was erforderlich ist, um dem Geist in sich das Leben zu geben.

Viele Menschen wollen Gott sprechen hören, und Gott neigt Sich auch liebevoll denen zu, die Sein Wort zu hören begehren. Doch ob sie Seine Stimme zu hören vermögen, das hängt von der Gestaltung der Seele ab, die das geistige Ohr ist für die Stimme

Gottes. Der Wille, Gottes Wort zu hören, kann aber auch den Verstand anregen, göttliche Worte zu formen, was nicht zu verurteilen ist, da dann der menschliche Wille nichts Widergöttliches denken wird. Doch Gottes Wort ist es nicht, was der menschliche Verstand gebärt. Andererseits aber kann ein Mensch in tiefem Verlangen stehen nach Gottes Wort und erfüllt von diesem Verlangen Ihn hören, ohne dass er es weiß, dass Gott Selbst es ist, Der aus ihm spricht. Er dient dann unbewusst als ein Geweckter des Herrn und er spricht die Wahrheit, weil sein Verlangen danach auch gleichzeitig Verlangen ist nach Gott, das Er jederzeit erfüllt.

(8.8.1952) Die Erweckungen in der letzten Zeit vor dem Ende werden besonders dort hervortreten, wo die Verkündigung des Evangeliums als inneres Bedürfnis empfunden wird. Dort wirkt der Geist im Menschen schon, und er äußert sich dann auch offensichtlich, indem bei dem Menschen nun eine ungewöhnliche Begabung zutage tritt, jedoch nur während des Dienstes für Gott und Sein Reich. Dann wird ein Mensch ohne besondere Rednergabe gute Reden führen können, ein Mensch ohne besonderes Vorwissen wird aufschlussreiche Erklärungen zu geben vermögen; fließend wird er antworten können, so er befragt wird über geistige Dinge. Der Geist Gottes wird sichtlich wirken, der Mensch wird zu den Geweckten gehören, die sich lebendig einsetzen für das Wort Gottes, weil sie von innen heraus angetrieben werden durch den Geist, der unaufhörlich drängt zum Vatergeist, der stets den göttlichen Willen dem Menschen offenbart und ihn drängt zur Ausführung.

Diese Art der Erweckung wird besonders in Gemeinden zum Vorschein kommen, wo das Verlangen vorherrscht, Gottes Wort zu hören, und Gott daher durch einen Menschen zu der Gemeinde spricht. Und die Gemeinde wird hören auf diesen Menschen, weil das Wirken Gottes an ihm offensichtlich ist. Sein Reden aber wird sein, als rede er selbst, es wird nichts Unnatürliches dabei zutage treten, wenngleich sich Fähigkeiten zeigen, die ihm sonst nicht eigen sind. Doch er spricht nicht medial, er spricht nicht automatisch, also er ist nicht gezwungen, zu reden, indem sich in seinem Munde Worte formen, unbeeinflusst vom Verstand. Ein solches Kundgeben kann auch stattfinden, ist aber nicht als Erweckung des Geistes anzusehen, es ist vielmehr eine Besitzergreifung des menschlichen Willens durch ein Wesen, das sich kundtun will.

Bei der rechten Erweckung erleuchtet gleichsam der Geist den Verstand des Menschen, er richtet sein Denken recht, und daher kann der Mensch lebendig sprechen zu seinen Zuhörern, nicht wie ein Automat, der Wort für Wort hervorstößt und eine fremde Kraft erkennen lässt, die aus ihm spricht. Ist diese Kraft böse, so kann sie großen Schaden anrichten; ist sie gut, so können auch die geistigen Ergebnisse gut sein, doch sie dürfen niemals so bewertet werden wie das Geistwirken Gottes im Menschen, das eine so helle Durchstrahlung mit göttlicher Liebekraft ist, die sich als erhöhtes Wissen und großer Arbeitseifer für Gott und Sein Reich erkenntlich macht.

Dies also gilt vom Verkünden des göttlichen Evangeliums in der Gemeinde, dem in der Endzeit besondere Beachtung geschenkt werden soll.

Es kann aber auch der Geist Gottes sich äußern in der Stille, er kann einen einzelnen Menschen belehren und ihm ein Wissen zuführen, das seine Bestimmung hat. Dann ist der Geist Gottes im Menschen gleichfalls erweckt worden durch den Menschen selbst. Und auch mit einer solchen Erweckung ist eine Mission verbunden: das Wissen, das der Mensch nun entgegennimmt, soll weitergeleitet werden, denn es soll das Evangelium in aller Reinheit verbreitet werden mit göttlicher Unterstützung.

Gott Selbst nimmt Sich der Menschen an, denen das Evangelium in verbildeter Form dargeboten wurde und die darum keinen rechten Glauben mehr haben, der ihnen aber wiedergegeben werden soll durch das Zuleiten der reinen Wahrheit. Zu diesen im Geist erweckten Menschen spricht Gott direkt, sie vernehmen Seine Ansprache in sich gleich klaren gedanklichen Worten, sie nehmen eindrucksvolle Belehrungen entgegen mit der Bestimmung, diese den Menschen weiterzugeben.

Es spricht also Gott zu allen Menschen durch jene, doch wieder nicht so, dass der Mensch als

Sprechform für Gott dient, sondern er nach dem Empfangen des göttlichen Wortes seinen Willen selbst tätig werden lassen muss, das göttliche Wort weiterzuleiten. Dieses Geistwirken ist insofern bedeutungsvoll, als dass wieder ein Fundament gegründet wird, dass die Menschen in die Grundwahrheiten eingeführt werden, dass Gott Selbst die Menschheit belehrt und somit jeder Zweifel widerlegt, jeder Irrtum aufgedeckt und jede falsche Auslegung berichtigt wird, also den Menschen das reine Evangelium verkündet wird von Gott Selbst, empfangen durch einen Menschen, in dem Sein Geist wirken kann und festgehalten durch dessen Willen, Gott und den Menschen zu dienen.

Geisterweckte Menschen werden stets mit Eifer und Überzeugung Gott dienen, und das in verschiedener Weise. Stets also ist der Geist aus Gott in ihnen tätig, der ihr Denken und Wollen recht leitet, der ihnen ungewöhnliche Kraft vermittelt und sie ernsthaft für das Reich Gottes arbeiten lässt.

Und solche Erweckungen werden häufig sein in der Endzeit, doch wo dies möglich ist, tritt der Geist

Gottes ungewöhnlich in Erscheinung, weil Seine Liebe und Weisheit erkennt, was der Menschheit dient zu ihrem Heil. Er kennt Seine Knechte und weist ihnen die Arbeit zu, die zu leisten sie fähig sind. Er wirkt in der Öffentlichkeit wie in der Stille; nach Seinem weisen Ermessen besetzt Er die Ämter mit denen, die sie wohl zu verwalten vermögen, und verschieden sind auch die Aufträge, die Er Seinen Knechten gibt; doch alle arbeiten für Sein Reich und dienen Ihm, und eines jeden Arbeit wird gesegnet sein.

Amen.

BD Nr. 5457 vom 08.08.1952, enthalten in Buch 60

Gemeinsames Liebeswirken in der Endzeit

Die Meinen werden sich eng zusammenschließen müssen, wollen sie in der letzten Zeit nicht schwach und mutlos werden. Sie müssen einander aufrichten und sich Mut zusprechen, sie müssen vereint Meine Hilfe erbitten und gläubig erwarten, sie müssen sich jede Gelegenheit zunutze machen, Mein Wort zu hören, die Liebe zu üben und innere Zwiesprache zu halten mit Mir, auf dass sie immer wieder gekräftigt an ihr Tagewerk gehen können und den Anforderungen der Welt gerecht werden, soweit sie nicht umgangen werden können.

Denn die Zeit wird hart sein für einen jeden, und wer sich die Kraft nicht holt von Mir, wer nicht die Kraft Meines Wortes auf sich wirken lässt, dem wird sie untragbar scheinen und ihn zu Boden drücken. Ich aber habe für die Meinen allzeit den Kraftspender bereit: Mein Wort, das aus den Himmeln euch geboten wird! Wer dieses hat, der wird auch diese Zeit durchhalten können, er wird nicht achten der Drangsal und die Not nicht so fühlbar spüren, er wird immer wieder herausgeführt, denn Ich Selbst breite Meine Hände aus über ihn, dass ihm kein Leid geschehe. Ich Selbst führe ihn an der Hand, dass sein Fuß nicht strauchle, und Ich Selbst richte ihn auf und tröste ihn durch Mein Wort, so er verzagt ist und sein Herz bangen will.

Darum wird Mein Wort der einzige Kraftquell sein, und zu Meinem Wort müsst ihr euch zusammenfinden, ihr müsst Mich zu euch sprechen lassen zu jeder Zeit, in Not und Trübsal, in Bangigkeit und Bedrängnis, ihr müsst auf Meine Stimme hören und tun, was Ich von euch verlange: Liebe geben stets und ständig, denn nur durch Liebeswirken ist die Not zu lindern. Denn dann zieht ihr Mich Selbst zu euch, und mit Mir werdet ihr alles überwinden.

So ihr auch euren Feinden Liebe entgegensetzt, werdet ihr auch geistige Erfolge erzielen können, denn wo ihr Liebe gebt, gewinnt ihr die Herzen, und ihr schwächt so die Macht des Gegners; und ihr werdet viel Gelegenheit dazu haben, weil die Not alle Menschen in die Lage versetzt, sich Hilfe zu erbitten.

Dann werdet ihr euch bewähren müssen, ihr werdet einander mit gutem Beispiel vorangehen und die Liebe praktisch ausüben müssen, und Ich will euch die Möglichkeit geben, hilfreich tätig zu sein, auf dass ihr die Mitmenschen anspornt und sie erzieht zur Liebe. Und jeder Kreis soll sich behütet wissen von Mir, der sich zusammenschließt im geistigen Streben, der Mir zu dienen bereit ist und Mein Wort begehrlich in sich aufnimmt.

Ich werde immer mitten unter den Menschen sein, die Mich zum Ziel haben, Ich werde ihnen offensichtlich zu Hilfe kommen in der Not, Ich werde die einzelnen zueinander führen, auf dass sie Mir gemeinsam dienen können, Ich werde ihnen allen Schutz angedeihen lassen, so dass sie niemals zu bangen brauchen, denn niemals wird die Not größer sein als Der, Der sie über die Menschheit kommen lässt.

Wer Mich anerkennt, als Herrn und Schöpfer des Himmels und der Erde, der wird nur seine Gedanken gläubig und vertrauend zu Mir zu erheben brauchen, und Ich werde ihn nicht enttäuschen. Sein Glaube ist auch Gewähr für Meine Hilfe, sein Glaube ruft Meine Gegenwart herbei, und Sein Glaube lässt Meine Vaterliebe offenbar werden. Er wird nicht vergeblich zu Mir rufen, er wird Erhörung finden in jeder Not.

Darum geht unverzagt der kommenden Zeit entgegen, lasst Mich walten und fürchtet euch nicht, denn Meine Liebe und Allmacht wird die Zeit beenden und euch, Meine Getreuen, hindurchführen zur ewigen Glückseligkeit, und ihr werdet Mir danken und Mich loben, dass ihr diese Gnadenzeit durchleben durftet, denn sie trägt denen, die Mir treu bleiben, vermehrten Segen ein, ein Paradies auf Erden und ein glückseliges Leben dereinst in der Ewigkeit.

Amen.

BD Nr. 3343 vom 24.11.1944, enthalten in Buch 43

Verkörperung vieler Lichtwesen in der Endzeit

Dass in der Endzeit sehr viele Lichtwesen auf Erden verkörpert sind, ist nötig geworden, weil die

Menschen sehr wenig Liebe nur entfalten und darum auch das Geistesdunkel zugenommen hat, und es soll nun den Menschen Licht zugetragen werden. Von selbst entzünden sie nicht die Flamme in sich, die ihnen das nötige Licht geben würde, also muss ein Licht von außen an sie herangetragen werden, d.h., sie müssen belehrt werden durch Mitmenschen, die aber selbst wissend sind, d.h. ein Licht besitzen.

Die verkörperten Lichtwesen werden durch einen Lebenswandel in Liebe als Mensch wissend werden, denn zu Beginn ihrer Verkörperung ist ihnen auch das Wissen fremd, weil sie genau wie jeder andere Mensch sich selbst zu Lichtträgern heranbilden müssen, dies ihnen aber leicht gelingt, weil sie liebewillig sind und die Liebe das Licht ist, das sie von innen heraus erleuchtet.

Über diese also leite Ich Mein Wort zur Erde, Ich schenke den Menschen ein Licht, dass sie eingeführt werden in ein Wissen um ihren Urzustand, ihren Abfall und ihre Aufgabe in ihrem Dasein als Mensch. Sie sind also nicht ohne jegliches Wissen, wenngleich sie ohne Liebe dahingehen, aber sie werden aufgeklärt und müssen nur guten Willens sein, um nun auch die Erklärungen anzunehmen und entsprechend ihren Lebenswandel zu führen.

Gerade aber die Lichtträger, jene verkörperten Lichtwesen, werden selten angehört, weil von ihnen ein Liebeleben gepredigt und gefordert wird, die Mitmenschen aber diese Forderung nicht erfüllen wollen. Und so wird noch sehr gerungen werden von Seiten der lichtvollen Welt um die Seelen der Menschen, die Augen und Ohren verschließen und eher hören auf die Stimme der Welt.

Es werden also ganz deutlich zwei Richtungen zu erkennen sein: In tiefem Geistesdunkel werden die Menschen dahingehen, die jedes Licht von sich weisen, und wieder werden Menschen Licht ausstrahlen auf ihre Mitmenschen, und sie werden einen Lebenswandel führen Meinen Geboten entsprechend, und dort wird auch das Licht zunehmen, die Menschen werden über ein Wissen verfügen, das sie beglückt, weil sie nun ihren Erdenlebenszweck erkennen.

Die Menschen brauchen Unterstützung, denn sie

selbst tun nichts mehr, um aus dem Geistesdunkel herauszufinden, ihr Wille ist schwach, weil er gebunden ist von dem Gegner Gottes, solange der Mensch völlig ohne Liebe lebt, denn so lange ist er noch Anteil dessen, der ihn in die Finsternis gezogen hat.

Darum muss dem Menschen immer wieder gepredigt werden, dass er sich in der Liebe üben muss, und von Seiten der Lichtwelt wird ihm immer Beistand geleistet werden, auf dass es selbst in ihm Licht werde und er nun erkennt, weshalb er über die Erde geht.

Darum spricht Gott die Menschen durch Mittler an, durch Lichtwesen, die sich auf Erden verkörpert haben und die von selbst also den Willen aufbringen, sich in enge Verbindung zu setzen mit ihrem Gott und Schöpfer von Ewigkeit, die ihren Mitmenschen Erlösung bringen wollen und ihrem himmlischen Vater Seine Kinder zurückbringen möchten, wenn sie sich ihren Bemühungen nicht widersetzen, wenn sie das Licht annehmen, wenn sie sich durchstrahlen lassen von dem Ewigen Licht, was stets geschieht, wenn die Menschen das Wort Gottes anzuhören gewillt sind und es auch ausleben.

Dann wird die Finsternis durchbrochen werden und die Menschen wissend werden und zur Erkenntnis gelangen, dass sie einen Vater haben, Der ihnen zur Rückkehr zu Sich verhelfen will und darum ihnen Seine Boten zusendet, dass sie das Licht ausstrahlen, das ihnen von Gott Selbst zugeht.

Es wird noch gerungen werden um alle Seelen, die im Geistesdunkel dahingehen, denn die Menschen sollen gerettet werden noch vor dem Ende, auf dass sie dem leidvollen Schicksal entgehen, aufs neue gebannt zu werden in den Schöpfungen der neuen Erde.

Amen.

BD Nr. 8245 vom 19.08.1962, enthalten in Buch 87

Als Mensch verkörperte Lichtwesen

Der Wille, Mir zu dienen, reiht den Menschen in die Schar meiner Jünger ein, die Ich beauftragte, das Evangelium zu verkünden. Jeder, der als Arbeiter im Weinberg des Herrn tätig sein will, ist Mir willkommen, weil viele Schnitter benötigt werden in der Zeit des Endes. Ich werte nur den Willen und weise einem jeden die Arbeit zu, die zu leisten er fähig ist. Also weise Ich keinen ab, weil Ich alle benötige.

Die Arbeit nun besteht vorerst in der Verbreitung Meiner Liebelehre, und es ist dies eine Mission, die überaus wichtig ist, weil die Menschen in der Endzeit völlig ohne Liebe dahinleben. Verständlicherweise muss, wer die Liebelehre verbreiten soll, auch selbst in der Liebe leben, ansonsten seine Worte ohne Wirkung blieben auf die Mitmenschen. Also kann Ich zu Arbeitern in Meinem Weinberg nur die Menschen brauchen, die selbst das Gebot der Gottes- und der Nächstenliebe erfüllen, da nur solche Menschen fähig sind, Meine Anweisungen entgegenzunehmen, aber auch nur solche Menschen

Mir freiwillig ihre Dienste antragen.

Ein Wirken in uneigennütziger Nächstenliebe also ist erste Bedingung, um ein tauglicher Arbeiter in Meinem Weinberg zu sein, und einem solchen selbst in der Liebe stehenden Menschen schenke auch Ich Meine besondere Liebe. Ich sehe ihn an als Mein Kind, denn es hat Mich als Vater erkannt, und es will Mir in Gehorsam dienen.

Darum kann ein jeder Mensch sich als Mein Kind betrachten, der sich zur geistigen Mitarbeit Mir zur Verfügung stellt, während die anderen wohl Meine Geschöpfe sind, die Ich liebe und niemals verlieren will, die aber erst sich als Kinder erweisen müssen, indem sie Meinen Willen erfüllen.

Meine Kinder also sende Ich zu ihren Geschwistern, die ihren Vater noch nicht erkannt haben, und lasse diese von jenen belehren, eine Mission, die von solcher Wichtigkeit ist, dass Ich stets mit Meinen Kindern zusammen wirke, um Seelen zu retten vom ewigen Verderben. Kinder, die schon zu Mir gefunden haben, sollen auch den anderen den Weg zeigen, damit auch sie die Seligkeit Meiner

Gegenwart erfahren können, die sie gleichfalls zu Meinen Kindern macht.

In der Endzeit müssen auch Lichtwesen zur Erde niedersteigen, um den Menschen zu helfen, weil von gegnerischer Seite überstark auf diese eingewirkt wird und die Menschen zu schwach sind zum Widerstand. Diese als Mensch verkörperten Lichtwesen haben eine starke Seele, die Mich anstreben, wenngleich sie als Mensch kein Rückbewusstsein haben, woher sie kommen. Sie werden immer nach oben streben und sich niemals von niederen Kräften beeinflussen lassen, dennoch führen sie als Mensch auf Erden einen Kampf mit jenen, aus dem sie aber als Sieger hervorgehen.

Eine starke seelische Kraft im Menschen lässt oft auf eine von oben stammende Seele schließen, doch bewusst wird dies der Seele nicht, ansonsten ihre Mission an Bedeutung verlieren würde, die stets eine freie Willensentscheidung sein und bleiben muss. Sie kann es wohl ahnen als Folge vermehrten Wissens, doch um ihrer selbst willen bleibt es ihr verborgen bis zur Zeit völliger Vergeistigung, kurz vor ihrem Ableben, wo sie in geistiger Schau ihre Herkunft erkennt und voller Sehnsucht zurückverlangt dorthin, wo sie mit Mir wieder vereint ist in Seligkeit.

Ein solches als Mensch verkörpertes Lichtwesen kann großen Segen stiften auf Erden durch seine geistige Kraft und seine Liebe zu den Mitmenschen, doch solange es auf Erden lebt, ist es nur ein Mensch, der genau wie jeder andere Mensch einen Entwicklungsgang zurücklegen muss, um die geistigen Kräfte entfalten zu können, denn er soll den Mitmenschen ein Beispiel sein, die das gleiche erreichen können wie er, wenn sie willig dazu sind.

Selbst die erhöhte Willenskraft dieser Lichtseelen kann der Mensch auf Erden aufbringen durch Inanspruchnahme der Gnaden des Erlösungswerkes, weshalb gerade diese Lehre eifrig vertreten wird von denen, die das Evangelium verkünden sollen.

Jesus Christus als göttlicher Erlöser und Seine Liebelehre soll den Menschen verkündet werden, und dazu benötige Ich Meine Diener auf Erden, auf dass alle Menschen die Kraft finden, zur Höhe zu streben und sich von ihrem Peiniger zu befreien, der sie ins Verderben stürzen will, wenn ihnen nicht geholfen wird.

Darum segne Ich einen jeden, der diesen Seelen helfen will, der Mir als Knecht in Meinem Weinberg dient, der als geistiger Mitarbeiter Licht verbreitet in dem Dunkel der Nacht, in dem in der Endzeit die Menschen dahinwandeln, ohne zum rechten Ziel zu gelangen. Und Licht verbreiten heißt die Mitmenschen in der Wahrheit unterrichten, die Ich Selbst denen vermittle, die Mir also dienen wollen.

Amen.

BD Nr. 5002 vom 19.11.1950, enthalten in Buch 56

Anzweifeln der Existenz Gottes in der Endzeit

Es gehört eine außergewöhnliche Verstandesschärfe dazu, wissenschaftlich den Beweis zu erbringen, dass die Existenz Gottes anzuzweifeln oder abzuleugnen ist, und es wird dieser Versuch gemacht werden, auf wissenschaftlichem Wege das größte Problem zu lösen - die Frage: Gibt es einen Gott?

Es ist dies auch ein Zeichen der Endzeit, dass die Menschheit zu der wichtigsten Frage Stellung nimmt, jedoch weit mehr in negativem Sinne, denn sie sind willig, sich dieser Streitfrage und ihrer Beweisführung anzuschließen, denn ihr Glaube ist, wenn überhaupt vorhanden, nur sehr schwach, und der geringste Anstoß genügt, ihn zum Wanken zu bringen.

Gibt es einen Gott? Keine Frage ist wichtiger, und so sie ernsthaft gestellt wird von suchenden Menschen, bin Ich bereit, Aufklärung zu geben, und der Suchende wird wahrlich zufrieden sein mit der Erkenntnis, die ihm zugeht und die er nun auch überzeugt vertritt.

So aber die Frage nicht von suchenden, sondern von besser-wissen-wollenden Menschen aufgeworfen wird, die nur die Antwort gelten lassen wollen, die ihnen bequem ist, und die nicht den Beweis erbringen wollen, dass Ich bin, sondern dass Ich nicht bin, werden sie niemals zu wahrheitsgemäßem Resultat kommen, trotz vieler scheinbar stichhaltiger Beweise. Sie gehören schon der Gegenmacht an, die sich selbst auf den Thron schwingen und Mich verdrängen will.

Es ist dies der Anfang des Endes, denn laut Gesetz von Ewigkeit entwinde Ich Meinem Gegner die Macht, so er die ihm zugestandene Grenze übertritt, was dann der Fall ist, so er Mich gänzlich aus den Gedanken der Menschen zu verdrängen sucht.

Es wird ein harter Kampf sein, der um Mich geführt wird. Mit gewaltigen Worten wird man die Meinen zu überzeugen suchen, dass sie einem Phantom nachjagen, alle religiösen Glaubenssätze und Lehren werden zerpflückt werden, und den Menschen, die nicht ganz feststehen, wird Stück für Stück verlorengehen, denn der Gegner weiß seine Worte so zu setzen, dass sie nicht ohne Eindruck bleiben, und da der Mehrzahl der Menschen das Wissen mangelt, da sie selbst in geistiger Blindheit dahingehen, erkennen sie nicht den Irrtum beim Gegner, wie sie aber auch nicht die Wahrheit in sich selbst suchen und finden können; sie werden wankend und fallen, so sie sich nicht an Mich in letzter Stunde anschließen, so sie nicht Mich um Erleuchtung bitten, die Ich einem Bittenden überaus gern gewähre, so er nur guten Willen hat zum Rechten und zur Wahrheit.

Doch wer auf sich selbst vertraut, wer sich gleichfalls verstandesmäßig über dieses größte Problem Aufklärung zu schaffen sucht, der wird sich verrennen in die Finsternis, denn er jagt einem Irrlicht nach, er glaubt den überzeugten Worten der Weltweisen und bewundert deren Verstandesschärfe und ihre Folgerungen, und er gibt Mich auf und richtet sich selbst.

Doch weil Ich um diesen Kampf weiß seit Ewigkeit - weil Ich den Schwachen helfen will, wie auch denen, die Mich suchen - bringe Ich ihnen zuvor schon die Wahrheit nahe, und wer sich dieser Wahrheit befleißigt, wer sich würdig macht, sie zu empfangen, und im freien Willen danach strebt, der wird alle Verstandesschärfe der Weltweisen übertrumpfen, er wird wissend werden, er wird Urteilskraft empfangen, sein Geist wird erleuchtet werden, und nichts wird ihm seinen Glauben, seine Überzeugung, nehmen können, denn er ist von Mir selbst belehrt, und er hat den Beweis, dass Ich bin und dass Ich alle Meine Geschöpfe gewinnen will für die Ewigkeit - und er wird Mir treu bleiben bis zum Ende. Amen.

BD Nr. 4069 vom 25.06.1947, enthalten in Buch 50

Wüten des Satans in der Endzeit . Abfall vom Glauben

Die Zahl der Ungläubigen wird in der Endzeit anwachsen und die kleine Schar der (lebendig, HH) Gläubigen fast zu erdrücken drohen. Und mit dem Abfall vom Glauben tritt auch das Wüten des Satans mehr und mehr in Erscheinung, denn die Menschen verlieren das letzte Verantwortungsgefühl einem gerechten Richter gegenüber, weil sie nicht an Ihn glauben.

Daher tritt Gott offensichtlich in Erscheinung, um erstmalig den Glauben der Seinen zu stärken, auf dass sie nicht wankend werden angesichts der Gottlosigkeit der Ungläubigen und ihrer weltlichen Erfolge.

Er will aber auch diesen noch die Möglichkeit geben, sich zu besinnen, und nimmt sich daher der Seinen so augenfällig an, dass auch ein Ungläubiger die Kraft Gottes erkennen kann, dass er den Glauben zurückgewinnen kann, den er verloren hat, so er nur den kleinsten Willen dazu aufbringt.

Gott wird Zeichen und Wunder tun durch Seine Werkzeuge auf Erden. Scheinbar also werden Seine Diener auf Erden Außergewöhnliches vollbringen, doch Gott Selbst äußert Sich durch diese, Er gibt Sich kund, und Er weilt sogar sichtbar unter den Seinen zum Zeichen, dass das Ende nahe ist, doch erkannt nur von denen, die Ihn lieben aus ganzem Herzen und Seine Gebote halten, die selbst zur

Liebe sich geformt haben auf Erden und überaus rührig sind in ihrer Tätigkeit für Sein Reich.

Diesen wird auch eine außergewöhnliche Kraft innewohnen, weil Gott Selbst in ihren Herzen Wohnung nehmen kann und Seine Liebekraft sie erfüllt. Die Ungläubigen werden sich überzeugen können von dieser Kraft, sie werden zugeben müssen, dass eine höhere Macht am Werk ist, sofern sie nur willens sind, nachzudenken über die außergewöhnlichen Erscheinungen, welche die letzte Zeit vor dem Ende mit sich bringen wird.

Doch sie sind allzu weltlich eingestellt und achten nicht auf jene, sie verachten die Gläubigen und verfolgen sie und bringen sie dadurch in schwere Nöte und Drangsal, aus denen nur die offensichtliche Hilfe Gottes sie stützt und ausharren lässt, denn das Wirken Gottes unter den Seinen wird so offensichtlich sein, dass sie sich fest zusammenschließen und allen Anstürmen der Welt Widerstand leisten; fester denn je werden sie im Glauben sein und sich gänzlich Gott und Seiner Führung übergeben, dass sie weder irdische Not noch den Tod fürchten und daher auch alles leichter ertragen, was in der Zeit des Endes auf sie einstürmen wird.

Wo Gott Selbst einmal in Erscheinung getreten ist, dort hat der Gegner Gottes kein Angriffsziel mehr, denn deren Glauben ist nicht mehr zu erschüttern. Gott wird den Seinen nahe sein, wie Er es verheißen hat. Er wird ihnen Trost und Kraft geben, Er wird sie belehren und Sein baldiges Kommen in Aussicht stellen, Er wird sie zu vermehrter Liebetätigkeit antreiben, denn Seine Gegenwart, ob weltlich oder geistig, wird die Menschen mit Liebe erfüllen zu Ihm und zu den Mitmenschen und also auch mit Kraft.

In der Zeit des Endes aber ist das offensichtliche Wirken Gottes notwendig, denn auch dieses trägt zur Scheidung der Geister bei. Die noch Lauen und Unschlüssigen können sich entscheiden, welchem Lager sie angehören wollen, denn dazu wird ihnen noch ein letzter Anstoß gegeben. Sie können von der Kraft des Glaubens sich überzeugen, die auch der größten irdischen Not Herr werden wird, und ihre Einstellung zu Gott ändern, d.h. die rechte Einstellung zu Ihm herstellen.

Wo Gott offensichtlich in Erscheinung tritt, dort wird Friede sein und Hoffnung trotz aller Trübsal, und da das Los der Gläubigen ein außerordentlich schweres ist, wird ersteres die Ungläubigen stutzen lassen. Und wer Seines Wortes achtet, wer Seinen Dienern auf Erden Gehör schenkt, dessen Willen wird sich wandeln, und jede willige Seele ergreift dann Gott in Seiner Liebe und Erbarmung, und Er hilft ihr und errettet sie von ewiger Finsternis (= Erkenntnislosigkeit und folglich Hoffnungslosigkeit, HH). Er wird ihren noch schwachen Glauben beleben und ihnen die Kraft geben, auszuhalten bis zum Ende, bis Er kommen wird in den Wolken (= der Erkenntnis, HH) und die Schar Seiner Gläubigen zu Sich nimmt.

Amen.

BD Nr. 3958 vom 20.01.1947, enthalten in Buch 49

Verstärkte Anfechtungen in der Endzeit

Glaubt nicht, dass euch Mein Gegner auslässt, auch wenn ihr euch im Herzen schon zu Mir gewendet habt, er wird euch zwar nichts anhaben können eben eures Mir-zugewandten Willens wegen, aber immer wieder wird er doch versuchen, euch zu Fall zu bringen. Er wird euch bedrängen, wo und wie es ihm nur möglich ist, um auf euren Willen einzuwirken, ihn zu schwächen und wieder der Welt zuzuwenden, die sein Reich ist. Aber dennoch braucht gerade ihr ihn nicht zu fürchten, weil ihr einen überaus treuen Helfer zur Seite habt: Mich Selbst, Den ihr nur anzurufen braucht, auf dass er abgedrängt werde von euch.

Gerade in der letzten Zeit wird er alles versuchen, um seinen Anhang zu vergrößern, um wieder zurückzugewinnen, die er verloren glaubt. Aber er vergisst dabei eins, dass nicht er, sondern Ich schon das Recht habe auf eure Seelen und dass Ich Mir nicht mehr entwinden lasse, was sich Mir freiwillig schon hingegeben hat. Darum braucht ihr nicht zu fürchten, dass er euch in seine Gewalt bekommt, aber auch ihr dürft eines nicht vergessen: euch ständig inniger an Mich anzuschließen, um in Meiner Gegenwart gesichert zu sein vor seinem Einfluss.

Jede innere Unruhe, jede Erregung, jedes Furchtgefühl ist ein Zeichen seines Wirkens an euch, und weil er sich dadurch verrät, braucht ihr nur eure Blicke zu Mir zu wenden, und er muss und wird weichen. In der letzten Zeit geht sein Bemühen sogar so weit, dass er das Verbreiten des Lichtes zu hindern sucht in einer Weise, die ihn überaus stark und mächtig erscheinen lässt und euch Menschen in Zweifel stürzt ob des göttlichen Auftrages, Licht hinauszutragen zu euren Mitmenschen, und dann sollt ihr immer wissen, dass es die List Meines Gegners ist, euch zu verwirren.

Ihr sollt desto stärker sein im Widerstand, ihr sollt fest glauben an eure Mission und immer eifriger arbeiten für Mich und Mein Reich, und bald werden seine Angriffe nachlassen, und euer Glaube wird wachsen, und es wird euch eine innere Ruhe überkommen, denn offensichtlich stehe Ich euch dann zur Seite und segne eure Tätigkeit.

Je weiter es dem Ende zugeht, desto heftiger werden auch seine Angriffe sein, aber desto näher bin Ich euch auch und desto mehr Kraft werdet ihr empfangen aus Mir. Er kann euch nichts anhaben, solange ihr die Bindung sucht mit Mir, und darum haltet nur diese Bindung immer aufrecht, und lasst Mich nicht aus euren Gedanken aus, und immer geringer wird sein Einfluss auf euch wirken können, ihr werdet ihn abdrängen können von euch schon durch einen innigen Gedanken an Mich, Der Ich euch stets gegenwärtig bin in jeder Not und Gefahr.

Lasset Mich euer erster und letzter Gedanke sein und wahrlich, es kann euch nichts geschehen, denn Meine Engel behüten euch vor allen Angriffen des Feindes eurer Seelen, und ihre Macht ist stark, und ihr Wille ist, Mir zu dienen und also auch allen, die Mein sind und bleiben wollen auf ewig. Amen.

BD Nr. 7212 vom 20.11.1958, enthalten in Buch 76

Angriffe des Gegners in der Endzeit

Ihr werdet euch oft noch bewähren müssen, denn Mein Gegner wird euch angreifen, wo es nur möglich ist, und er wird Unfrieden säen, er wird die Menschen gegeneinander aufhetzen, er wird alles tun, um euch selbst in Unruhe zu versetzen, um euch zu Fall zu bringen; und immer werdet ihr um Kraft bitten müssen, seinen Versuchungen zu widerstehen.

Darum sollt ihr ständig zu Mir flüchten, bevor er euch angreifen kann, ihr sollt Mich täglich und stündlich um Schutz bitten vor ihm, auf dass Ich dann an eurer Seite stehen und ihn abwehren kann.

Es wird ein Kampf wider ihn bleiben bis zum Ende, denn er überlässt euch nicht kampflos Mir, eurem Gott und Vater von Ewigkeit. Ich aber habe auch ein Anrecht an euch, und darum braucht ihr nur euch an Mich zu wenden und Ich werde immer bereit sein für euch, weil Ich euch liebe und den Feind eurer Seelen von euch abdrängen will, auf dass ihr nicht in der Versuchung fallt.

Wo immer Mein Gegner ein geistiges Streben

erkennt, dort ist er besonders heftig am Werk und sucht es zu unterbinden. Dann müsst ihr euch bewähren und allen Ernstes Widerstand leisten, ihr dürft ihm keine Angriffspunkte geben, indem ihr euch selbst zu Ungeduld, Unmut oder Lieblosigkeit hinreißen lasst, denn dann wird es immer schwerer, von ihm loszukommen, wenngleich Ich ständig zur Hilfe bereit bin. Doch eure Gedanken finden dann nicht mehr so schnell den Weg zu Mir, und nur allein die innige Bindung mit Mir schützt euch vor seinen Angriffen und seinen Versuchungen; und solange es ihm noch möglich ist, euch in Aufregung zu versetzen, euch ungeduldig und zornig werden zu lassen, solange werdet ihr auch schwach sein, und er wird seine Macht nutzen.

Darum sollt ihr ständig arbeiten an eurer Seele und alle Fehler abzulegen suchen, und ihr sollt Mich immer nur um die nötige Kraft dafür bitten, und wahrlich, euer Wille allein schon trägt euch auch die Kraft ein, und ihr werdet als Sieger hervorgehen.

In der Zeit des Endes ist sein Wirken so offensichtlich, denn er duldet keinen Frieden, keine

Harmonie, keine Eintracht unter den Menschen, er sucht immer zu stören, und an euch selbst liegt es, ob er Erfolg hat, denn ein Ruf nur zu Jesus, eurem Retter und Erlöser, wird euch stärken, und ihr werdet widerstehen können. Denn Jesus hat ihn besiegt durch Seinen Tod am Kreuz, und ruft ihr Mich in Jesus an, so muss er euch freigeben.

Doch oft vergesst ihr es gerade in solchen Versuchungen, des Retters und Erlösers zu gedenken, denn das ist das Wirken des Gegners, eure Gedanken zu verwirren, so dass ihr auf seine Angriffe eingeht und euch selbst als Mensch durchzusetzen sucht, wo allein Ich euch helfen kann, weil ihr zu wenig Kraft besitzt. Also sollt ihr euch in jeder Versuchung bewähren, d.h. den Weg gehen zu Mir in Jesus, denn dann muss er sich zurückziehen, weil Meine Kraft wahrlich stärker ist als er und weil Ich keinen Menschen in der Not lasse, der zu Mir seine Zuflucht nimmt. Doch selbst, aus eigener Kraft, könnt ihr nichts, doch mit Meiner Kraft alles, und diese wende Ich euch immer wieder zu, sowie ihr sie nur anfordert, denn dann sind eure Gedanken

Mir zugewendet, und dann kann Ich auch Mein Anrecht geltend machen und euch schützen in jeder Not und Gefahr.

Das vergesst nicht, denn noch oft wird er euch bedrängen, noch oft wird er sich zwischen euch drängen, und noch oft werdet ihr in die Gefahr kommen, seinen Versuchungen zu erliegen. Doch es genügt nur ein Anruf zu Mir im Geist und in der Wahrheit, und Ich werde ihn abdrängen von euch, Ich werde euch nicht ihm überlassen, sondern euch immer Hilfe leisten in jeglicher geistigen Not. Amen.

BD Nr. 8365 vom 29.12.1962, enthalten in Buch 88

Wirken des Satans und der Dämonen in der Endzeit

Alle Dämonen sind losgelassen in der letzten Zeit vor dem Ende, die Hölle hat ausgespien die übelsten

Geister, und der Fürst der Finsternis gibt ihnen seine Gedanken ein, dass sie vernichtend wirken sollen auf der Erde unter den Menschen. Und ihr Menschen befindet euch mitten in seinem Gebiet und seid ständig in der Gefahr, von der Hölle und ihren Mächten verschlungen zu werden.

Aber sie können nicht euch zwingen, immer noch seid ihr selbst es, die ihnen den Sieg lassen, aber auch euch wehren könnt gegen ihre Angriffe und wahrlich nicht schutzlos ihnen preisgegeben seid, weil euch ebenso die gute geistige Welt zur Seite steht, die nur auf euren Ruf wartet, um euch beistehen zu können.

Es ist die Hölle losgelassen, denn der Gegner Gottes weiß, dass er nicht mehr viel Zeit hat, und er nutzt diese seine letzte Zeit wahrlich in jeder Weise. Es nehmen viele höllische Kräfte Besitz von den Menschen, wenn diese sich nicht wehren, wenn sie selbst sich erfreuen an dem Gebaren der finsteren Welt.

Die Dämonen suchen ihresgleichen zu beherrschen, sie ergreifen Besitz von deren Körpern und führen nun wahrhaft satanische Dinge aus, und schon das ist ein sicheres Zeichen des Endes, denn sie haben oft ein gar leichtes Spiel, die Menschen gehen allzu willig ein auf ihre Anregungen, und sie führen auch skrupellos aus, was jene von ihnen verlangen.

Es hat der Fürst der Finsternis wahrlich große Macht über die Menschen gewonnen, und darum wird sein Wirken stets offensichtlicher, glaubt er doch, den endgültigen Sieg im Kampf gegen Gott davontragen zu können. Darum wird er auch alles tun, um die Menschen gegen Gott aufzuhetzen, er wird sich nicht scheuen, auch jene zu bedrängen, die für Gott arbeiten wollen, er wird sie in Nöte versetzen durch seine Helfershelfer, auf dass sie den Glauben an Gott verlieren sollen, und er wird versuchen, jegliches von Gott ausgehende Licht zu verlöschen. Denn seine Überheblichkeit kennt keine Grenzen, und so überhebt er sich in einem Maße über Gott, dass dies auch seinem Wirken ein baldiges Ende setzt.

Aber die Menschen werden in diesen Kampf

hineingezogen, und sie sollen sich darin bewähren. Denn sie sind nicht ohne Kenntnis von der Macht und Liebe Gottes, und sie können in jeder Not Ihn anrufen um Schutz und Hilfe, die ihnen dann auch sicher gewährt werden.

Also braucht kein Mensch auch diese kommende Not und Bedrängungen von Seiten der finsteren Welt zu fürchten, weil der Weg zu Gott für jeden offensteht und kein Mensch gehindert werden kann, ihn zu gehen. Das dämonische Treiben ist auch von jedem einzelnen leicht zu erkennen und kann ihnen zu denken geben, und wo nun der Wille gut ist, dort rennen jene Mächte vergeblich an, weil sie auf Seiten Gottes stehen und darum auch die Lichtwelt eine Mauer um sie bildet.

Ihr Menschen sollt wohl vorsichtig sein und allzeit achtsam, aber ihr braucht euch nicht zu fürchten, denn euer Wille bannt die Gefahr oder wehrt sie ab. Darum liegt es nur an euch selbst, wohin sich dieser Wille richtet.

Jeden Blick, den ihr in das Reich des Gegners tut, bemerken seine Vasallen, und sie locken euch stets mehr in ihr Bereich. Darum ist große Achtsamkeit geboten, aber auch allen denen Kraft zugesichert, ihnen widerstehen zu können, die dazu den ernsten Willen haben. Ihr könnt wohl versucht werden, nicht aber gezwungen.

Aber es wird dennoch ein Kampf sein und bleiben für euch, die ihr Gott treu bleiben wollt, der bis zum Ende währt. Ihr könnt ihn bestehen und als Sieger hervorgehen, denn ihr habt genau so viel Schutz und Hilfe von Seiten Gottes zu erwarten, wie Sein Gegner Einfluss auf euch gewinnen kann, und ihr selbst entscheidet es, wem ihr größeres Recht einräumt.

Aber das Wirken der Hölle und ihrer Mächte wird überall zu erkennen sein, und mehr denn je geben die Menschen ihnen nach und sich ihnen hin. Darum ist auch die Zeit gekommen, wo Gott Selbst dem Wirken Seines Gegners Einhalt gebietet und ihn und seinen Anhang in Ketten legt, auf dass wieder Friede ist unter den Menschen, die eines guten Willens sind.

Amen.

BD Nr. 6801 vom 08.04.1957, enthalten in Buch 73

Der Satan wütet mit verstärkter Macht

Es werden sich die Zeichen mehren, die auf das Ende hinweisen, und das Wirken des Satans wird immer deutlicher hervortreten, denn alle, die Mir zustreben, werden sein feindliches Treiben zu spüren bekommen. Er wird auch sie in Zweifel und Verwirrung zu stürzen suchen, und oft nicht ohne Erfolg. Ich aber schütze die Meinen und beleuchte sein Treiben, so dass es allen erkenntlich sein wird, die Mich ernsthaft zum Ziel haben.

Es sind die Zeichen der Zeit, denn die Kräfte der Finsternis sind unentwegt tätig, weil es auf das Ende zugeht. Ich aber sage euch, seid wachsam und betet und haltet euch stets nur an Mich, und er wird euch keinen Schaden zufügen können.

Licht und Finsternis streiten widereinander, denn

die Finsternis hasst das Licht und wird sich daher immer als Schatten bemerkbar machen, wo ein helles Licht leuchtet. Ich aber habe auch die Macht, solche Schatten zu verjagen, und heller denn je wird das Licht erstrahlen. Doch ihr werdet niemals euch der Ruhe erfreuen dürfen, es wird ein ständiger Kampf bleiben mit Meinem Gegner, solange ihr auf Erden weilt, denn bis zum Ende ist er bemüht, euch Schaden zuzufügen, weil er weiß, dass er euch verloren hat, und weil er glaubt, euch wieder zurückgewinnen zu können.

Die Anfeindungen von Seiten derer, die ihm hörig sind, werden sich häufen, und das desto mehr, je heller ihr erstrahlt, was er sehr wohl erkennt. Doch er hasst das Licht, weil er die Wahrheit hasst, und darum geht er gegen die Wahrheit vor.

Solange ihr daher auf Erden euch bemüht, die Wahrheit zu verbreiten, Mein Wort hinauszutragen zu euren Mitmenschen, so lange wird er euch auch als Feind nachstellen und euch zu verderben suchen. Und er wird offen die Wahrheit angreifen, er wird euch, die ihr für die reine Wahrheit eintretet, zu verleumden suchen, er wird euch als Schwindler hinstellen, um auch das Geistesgut, das ihr vertretet, unglaubwürdig zu machen und doch nicht aufkommen gegen euch, denn hinter euch und der Wahrheit stehe Ich Selbst.

Aber es wird ihm gelingen, euch, Meine Vertreter, auseinanderzutreiben, es wird ihm gelingen, euch zu isolieren, weil ihm die Gemeinschaftsarbeit nicht passt, weil er im Kampf gegen den einzelnen mit Erfolg rechnet. Doch auch dann noch schütze Ich das Licht, die reine Wahrheit, die er nicht wird entkräften können. Ihr aber sollt wachsam sein und beten, denn ihr steht immer in der Gefahr, schwach zu werden, wenn ihr nicht Mich um Schutz anruft gegen alle Anfeindungen des Gegners.

Denn das Ende ist nahe, und ob er auch wütet mit verstärkter Macht, seine Zeit ist gekommen, da er gebunden wird, wie es verkündet ist. Und die Wahrheit wird sich durchsetzen und allen zur Seligkeit verhelfen, die ihr Gehör schenken und so das Licht annehmen, das Ich aufleuchten lasse, um ihnen zu helfen, aus der Finsternis des Geistes, aus der Nacht des Todes zum Licht, zum Leben zu gelangen und durch die Wahrheit selig zu werden.

Amen.

BD Nr. 5467 vom 21.08.1952, enthalten in Buch 60

Teufel der Endzeit . Jenseits geschlossen . Neubannung

Ihr setzt die unterbrochene Entwicklung fort im Jenseits, so ihr nicht als vollendete Teufel von dieser Erde scheidet, also noch die Möglichkeit besteht, dass ihr euch aufwärts entwickelt. Teuflisch aber ist eure Gesinnung, so ihr voll Hass und Rachgier seid gegen eure Mitmenschen, die zu Gott streben, die also guten Willens sind, Gott anerkennen und Seinen Willen zu erfüllen suchen. Werden diese Menschen verfolgt, lediglich ihrer Gesinnung wegen, dann kann den Verfolgern wahrlich teuflische Gesinnung zugeschrieben werden, und dann hört jedes Erbarmen auf, weil das Geistige in jenem Menschen sich verhärtet und durch seine Gottferne in jenen Zustand geraten muss, der die Bannung in der festesten Materie bedingt.

Die Seelen dieser Menschen können nicht in das jenseitige Reich eingehen, denn es gibt für sie keine Besserungsmöglichkeit, nur ein immer tieferes Absinken zur Hölle, zur Gottferne. Es ist sonach doch ein Erbarmungsakt, dass das Geistige in der Materie wieder gebunden wird, weil es im Musszustand doch wieder langsam zur Höhe schreitet, wenn auch in endlos langer Zeit.

Das Jenseits, das geistige Reich, kann wohl auch zahllose Seelen aufnehmen, die in einem völlig untätigen Zustand Ewigkeiten verharren, die aber doch noch wandlungsfähig sind, die also noch nicht den Grad erreicht haben, der eine Bannung in der Materie bedingt. Sie können wohl noch absinken bis zu jenem Grad, doch solange noch eine Möglichkeit zum Gegenteil besteht, wird die Seele auch nicht in den Musszustand versetzt, der aber unweigerlich das Los der zu Teufeln gewordenen Menschen sein wird nach dem Untergang der alten Erde.

Darum wird, was noch wandlungsfähig ist, noch vor dem Ende der Erde abberufen werden, und es können diese Seelen nach ihrem Tode ihre mangelhafte Reife erhöhen, so sie dazu willig sind. Und so wird die Menschheit zuletzt nur noch aus guten und bösen Menschen bestehen, und die Scheidung der Geister ist gewissermaßen schon erfolgt, bevor das Letzte Gericht sein wird. Denn die wenigen Menschen, die Gott treu sind, werden Anlass geben zu Entäußerung der wahren Gesinnung der Menschen. Sie werden angefeindet und verfolgt werden und wahrlich unter Teufeln leben müssen, und es wird die Hölle auf der Erde sein.

Es werden die brutalsten Mittel angewendet werden, um die Gottgetreuen zum Abfall zu bewegen, der Satan wird seine ganze Macht und List entfalten, um Gott vom Thron zu stürzen und sich selbst zu erheben, und es wird scheinen, als trage der Satan den Sieg davon. Die Gläubigen werden bangen und hoffen und in ihrem tiefen Glauben die Kraft finden zum Ausharren. Sie hoffen auf das

Kommen des Herrn und die wundersame Errettung aus größter (seelischer, HH) Not, und ihren Glauben lässt Gott nicht zuschanden werden, Er wird kommen in den Wolken (d.h. verhüllt im Wort, HH), so der Satan schon den Sieg errungen zu haben glaubt.

Dann hat das geistige Reich seine Pforten geschlossen, denn dann wird es nur noch Lebende und Tote geben, Menschen, die zum Leben auf der neuen Erde bestimmt sind, die auch in Wahrheit ein ewiges Leben haben, und Menschen, die in die festeste Materie gebannt werden, die den Tod erdulden, aus dem sie erst nach endlos langer Zeit zum Leben erwachen werden.

Amen.

BD Nr. 4688 vom 12.07.1949, enthalten in Buch 54

Anforderung von Kraft in der Endzeit

Und in dieser Endzeit müsst ihr Meine Gnadengaben ganz besonders in Anspruch nehmen, denn ihr seid schwach und braucht viel Kraft, die Ich euch aber unentwegt zuströmen lasse, wenn ihr sie nur annehmen wollt, wenn ihr sie annehmt aus Meinen Händen als ein ungewöhnliches Geschenk. Meiner Liebe, die euch helfen will, weil ihr in großer Not seid.

Ich weiß um eines jeden einzelnen Menschen Schwäche und um seine Unfähigkeit, aus eigener Kraft die Anforderungen zu bewältigen, die an ihn gestellt werden; doch mit Meiner Kraft wird es ihm gelingen, auch der schwierigsten Situation Herr zu werden, denn wenn er Meine Kraft in Anspruch nimmt, dann ist jegliche Schwäche von ihm gewichen, dann hat er die Kraft, alles zu überwinden und aus allen Nöten siegreich hervorzugehen. Aber er wird in Nöte kommen, wo er mitunter Kraft braucht und sie anfordern soll, weil Ich ihn nicht ohne Hilfe lasse, wenn er Mich nur innig bittet um Zuwendung von Kraft.

In der Endzeit wird es oft schwer sein, die Zuversicht auf Meine Hilfe zu behalten und in jeder Not vertrauend zu Mir zu kommen, denn die Endzeit gehört Meinem Gegner, und diese nutzt er wahrlich gut aus, indem er die Menschen in alle möglichen Bedrängnisse geraten lässt, wo sie hoffnungslos werden sollen, weil er will, dass sie nicht den Weg finden zu Mir. Wenn sie aber den Weg nehmen zu Mir, dann ist ihnen auch jegliche Hilfe sicher, denn Ich lasse keinen in der Not des Leibes oder der Seele, der sich vertrauensvoll an Mich wendet und Mich bittet um Zuführung von Kraft, alle Nöte zu beheben mit Meiner Hilfe.

Dies will Mein Gegner unterbinden, und darum wird er euch immer mehr bedrängen und euch auch in Schwächezustände geraten lassen, wo ihr glaubt, nicht mehr herauszukommen, und ihr dann verzagt und mutlos seid.

Ihr sollt aber stets dessen gewiss sein, dass ihr als

Meine Knechte jederzeit euch an euren Hausvater wenden könnt, Der euch stets versorgen wird mit allem, was ihr benötigt für Leib und Seele. Denn gerade als Arbeiter in Seinem Weinberge will der Gegner euch untauglich machen, weil dann die Erlöserarbeit eine Einbuße erleidet, was er nur zu erreichen trachtet, um nichts von seinem Anhang zu verlieren. Daran denkt immer und leistet ihm Widerstand, indem ihr euren Weg nehmt zu Mir, von wo euch immer Hilfe kommt.

Ich werde euch wahrlich eure Treue und Ausdauer lohnen, und ihr werdet sichtlich Meine Hilfe erfahren, ihr werdet es spüren, dass Ich Selbst euch gegenwärtig bin und euch, Meine Knechte, segne zu jeder Stunde, die ihr für Mich tätig seid; und es soll euch geistig und irdisch zum Segen gereichen, wenn ihr Mir nur vertrauensvoll eure Nöte unterbreitet, denn wer könnte sonst sie beheben, wenn nicht Ich, euer Gott und Vater von Ewigkeit, Der in Seiner Liebe, Weisheit und Macht unübertrefflich ist?

Diese Meine Liebe, Weisheit und Macht will Ich

euch immer beweisen, auf dass euer Glaube gestärkt werde und ihr keine Bedrängungen von Seiten Meines Gegners mehr fürchtet.

Was unmöglich scheint, das will Ich möglich machen, und wo Menschenkraft zu Ende, dort beginnt Meine Kraft erst zu wirken; und also lohne Ich euch eure Treue und Hingabe an Mich, wenn ihr Mir nur immer dient nach Meinem Willen, wenn ihr euch nicht zurückhalten lasst in eurer Weinbergsarbeit durch den, der Mein Gegner ist und der Mir seinen Widerstand entgegensetzt und diesen auch auf euch übertragen will, um euch zu hindern, Licht zu empfangen und auszuteilen den Menschen, die er in die Finsternis gestürzt hat und die nötig ein Licht aus Mir brauchen, um wieder den Weg zu Mir zurückzufinden.

Es soll ihm dies aber nicht gelingen, denn Ich weiß es, dass euer Wille stark ist und dass ihr Mir in eurer Liebe dienen wollt, und solche Liebedienste werden wahrlich nicht erfolglos sein, und er wird an Anhang verlieren, Ich aber werde Seelen gewinnen, und diese werden gerettet sein vor dem Abgrund, dem Mein Gegner die Menschen zudrängen will, weil er keine Liebe in sich hat, sondern nur Hass. Die Liebe aber ist stärker als der Hass, und es wird die Liebe siegen. Amen.

BD Nr. 8186 vom 26.05.1962, enthalten in Buch 86

Führerschaft Gottes . Dämonen in der Endzeit

Alle Schritte sind vergebens, da ihr nicht Mich neben euch schreiten lasst, auf dass Ich euch recht lenke und ihr nicht falsche Wege geht. Ein immerwährender Kampf der Dämonen um eure Seele findet statt, und also stehen sie lockend am Wege, verführerisch suchen sie, euch abzulenken, dass ihr des Weges nicht mehr achtet und unmerklich einen falschen Weg beschreitet, der euch fernab vom Ziel führt. Lasst ihr Mich neben euch gehen, so wagen sich die Dämonen nicht an euch heran, die Lichtfülle blendet sie, die von Mir ausgeht, sie weichen zurück und lassen euch unbehelligt vorübergehen.

Merkt euch dies, dass ihr ständig von Kräften umlagert seid, die euch nicht wohlwollen, dass ihr aber in Meinem Schutz sie nicht zu fürchten braucht, denn dann sind sie machtlos, und ihr seid stärker als sie. In der Endzeit wüten sie besonders heftig und machen auch nicht vor dem Geistig-Strebenden Halt, denn das Licht, das von euch ausstrahlt, so ihr die Wahrheit sucht oder verbreitet, reizt und empört sie, so dass sie es zu verlöschen suchen und euch daher arg bedrängen.

Mit Mir aber seid ihr sicher, denn Ich führe euch so, dass ihr auf kurzem Wege euer Ziel erreicht. Doch der Weg ist beschwerlicher, er ist nicht eben und von Gefilden eingesäumt, die euer Auge erbauen, der Erdenweg ist ein harter Pilgerweg, und so er lieblich anzusehen ist, lauert die Gefahr hinter der Schönheit.

Mit Mir aber achtet ihr nicht der Mühsal und Beschwerlichkeiten, ihr schaut nicht um euch, sondern nur über euch, ihr schaut nach vorwärts, wo euer Auge Herrliches erblickt, das ihr zu erreichen sucht. Darum dürft ihr euch nicht allein auf den Weg begeben, sondern ihr müsst Mich ständig anrufen um Meine Führerschaft, ihr müsst stets in Meiner Begleitung gehen, dann wird euch der Erdenweg leicht sein, die feindlichen Mächte werden euch nicht so bedrängen können, wenngleich sie immer wieder versuchen, euch zu bestimmen, Mich abzusetzen und allein des Weges weiterzuwandeln.

Euer Wille muss stark sein und bleiben, dann seid ihr Sieger, euer Wille muss Mir gelten, dann stärke Ich ihn und halte euch, so ihr in Gefahr seid zu fallen.

Der Kampf der Dämonen um eure Seele wird sich verstärken, je mehr es dem Ende zugeht, ihr aber werdet auch fester stehen im Glauben an Mich und jeder Versuchung mit Widerstand begegnen, und immer geringer wird die Macht sein, die der Feind euch gegenüber anwendet, denn immer heller erstrahlt das Licht Meiner Gegenwart und immer deutlicher spüren es die finsteren Mächte, dass ihnen der Herr der Schöpfung gegenübertritt, Den sie nicht zwingen können. Und sie werden euch fliehen, je näher das Ende kommt.

Dann wird eure Glaubensstärke so tief sein, dass nichts mehr euch beirren oder abtrünnig machen kann, denn dann wisst ihr, dass Ich Selbst komme zu euch schaubar und euch empor hole, wie Ich es euch verheißen habe.

Amen.

BD Nr. 4354 vom 26.06.1948, enthalten in Buch 51

Verheißung von Gottes Schutz in der Endzeit

Ich will euch alle in Meinen Schutz nehmen, wenn die große Not über euch Menschen hereinbrechen wird. Alle, die Mein sein wollen, die schon vorher Verbindung mit Mir suchten und gefunden haben, alle, die innig zu Mir beten und Mich anrufen um Hilfe, will Ich Meine Hilfe sichtlich spüren lassen, und sie sollen ohne Angst und Sorge alles erleben, immer in der festen Gewissheit, dass Ich Selbst bei ihnen bin und sie hindurchführen werde aus aller Not. Denn nur diese Gewissheit wird es möglich machen, dass sie für Mich reden, dass sie den Mitmenschen das Evangelium predigen, dass sie also reden an Meiner Statt, weil noch viele Menschen gewonnen werden sollen für Mich, für das ewige Leben.

In dieser Zeit der Not werden eure Zungen gelöst sein, ihr werdet zum Reden getrieben von Meinem Geist, und ihr werdet viel Segen verbreiten können, denn die Menschen werden euch anhören, weil sie sich in großer Not befinden und irgendeine Hilfe erhoffen. Von menschlicher Seite aus kann ihnen diese kaum gebracht werden, vielmehr werden die Mitmenschen noch beitragen zur Erhöhung der Not, die ohne alle Skrupel sich zu bereichern suchen und keine Hemmungen kennen aus ihrem Gewissen heraus. Aber Ich kann den Meinen helfen, und Ich werde ihnen helfen, dass sie auch diese schwere Zeit durchstehen können und selbst Hilfe leisten denen, die sie umgeben.

Ich fordere nur von euch einen starken Glauben, und Ich bereite euch darum schon jetzt auf diese Zeit vor, indem Ich euch in Nöte geraten lasse, die immer wieder behoben werden, und das so offensichtlich, dass ihr glauben müsst an einen Vater im Himmel, Der euch liebt und auch jederzeit zur Hilfe bereit ist. Euer Glaube soll sich festigen. Das vergesst nicht, dass dies ein Ziel ist, um dessentwillen ihr immer wieder in Not geratet. Aber immer wieder werdet ihr herausgeführt, weil Ich euch zeigen will, dass ein Vater im Himmel um alle eure Sorgen weiß und sie beheben kann und wird zur rechten Zeit.

Ihr alle wisst nicht, was vor euch liegt. Ich aber weiß es, und Ich will euch als Meine Kinder nicht verlieren. Ich will, dass ihr euch immer fester an Mich haltet und zuletzt so innig mit Mir verbunden seid, dass ihr nichts mehr beginnt ohne Mich, dass ihr Mich ständig neben euch fühlt und in dieser Meiner Gegenwart auch wahrlich geschützt seid vor jeder Gefahr. Denn Ich brauche euch als Meine Mitarbeiter in der letzten Zeit vor dem Ende, Ich brauche euch, dass ihr zeugt von Mir und Meiner Vaterliebe, dass ihr kündet das Evangelium der Liebe und die Menschen Mir zuführt, die noch abseits stehen und die Ich doch nicht verlieren will wieder auf lange Zeit.

Ich brauche gute Redner, denen Ich Mein Wort in den Mund legen kann, wenn die Zeit gekommen ist, da es nötig wird, von Mir zu künden und vom nahen Ende. Ich brauche Diener in Meinem Weinberg, Boten, die Mein reines Wort verbreiten, die dann auch reden werden nach Meinem Willen. Und diese brauchen sich nicht zu fürchten, wenngleich eine große Not über die Erde geht, sie werden erhalten werden von Meiner Vaterliebe, sie werden immer Hilfe finden, was es auch sei, und ob es menschlich gesehen keine Hilfe geben kann. Meine Macht und Liebe ist groß, und sie gedenkt immer derer, die Mein sein wollen und es auch bleiben werden bis in alle Ewigkeit.

Amen.

BD Nr. 7407 vom 12.09.1959, enthalten in Buch 78

Blendwerke des Gegners (z.B.UFOs)

Ihr werdet noch oft in große Zweifel gestürzt und zu Fragen veranlasst werden, denn in der Endzeit müsst ihr noch mit großen Überraschungen rechnen, die euch von Seiten Meines Gegners bereitet werden. Er wird vor keinem Mittel zurückscheuen, euch Menschen zu irritieren und euch von der Wahrheit zurückzuhalten, er wird alles tun, um eure Gedanken abzulenken von eurer eigentlichen Seelenarbeit, und er wird listig dabei vorgehen, dass es schwer sein wird, sein Treiben zu erkennen als satanisch, denn immer wird er sich mit einem Lichtgewand tarnen. Er wird euch vortäuschen, dass ihr geschützt werdet, dass "von oben" euch Hilfe kommt in irdischen Nöten in Form von Lichtwesen, von Bewohnern anderer Gestirne, die sich der Menschen annehmen. Denn er sieht wohl das Chaos, das auf Erden herrscht, und nutzt dieses auch noch aus für seine Zwecke: die Verwirrung noch größer zu machen.

Wohl sind in Meinem Auftrag zahllose Lichtwesen bereit, euch Menschen jegliche Hilfe zu gewähren, sowohl geistig als auch irdisch, doch deren Wirken wird nur rein geistig sein, sie werden auf euer Denken einwirken, sie werden euch hindrängen zu Mir in Jesus, sie werden eure Schicksale so lenken, dass eure Seelen einen Nutzen daraus ziehen können. Sie werden euch gedanklich gute Ratschläge erteilen, und ihr könnt sie auch in allen euren Nöten um Hilfe anrufen, sowie ihr Mir verbunden seid, so dass Ich also diese Lichtwesen damit beauftragen kann, euch beizustehen. Doch zu allen diesen Hilfeleistungen sind wahrlich keine euch sichtbaren Dinge nötig, sie werden sich euch nicht nahen, indem sie sich manifestieren oder gar sich solcher Gegenstände bedienen, die ihr mit euren Augen sichten könnt. Denn die Bewohner der Lichtwelt, die Bewohner Meines Reiches, die Ich mit Hilfeleistungen an euch beauftrage, benötigen keine euch sichtbaren Umhüllungen, um ihren Willen zur Tat werden zu lassen, es sind geistige Wesen, die immer nur geistig auf euch einwirken.

Anders aber wirkt Mein Gegner auf euch Menschen ein, er sucht euch zu blenden, er will die Menschen glauben machen, dass überirdische Wesen sich der Erdenbewohner annehmen, und er beauftragt seine Vasallen, Truglichter aufleuchten zu lassen, denn es liegt ihm daran, die Menschen von der Hingabe an ihren Gott und Schöpfer zurückzuhalten, dass sie sich jenen Wesen zuwenden, sich ihnen anvertrauen und dadurch unter seine Herrschaft geraten. Und er hat am Ende große Macht, die er wahrlich gut nutzt für sich.

Euch Menschen kann Ich immer nur warnen vor Leichtgläubigkeit.

Wenn ihr glaubt, dass von anderen Gestirnen sich Wesen der Erde nahen, um euch irgendwelche Hilfe zu leisten, so bedenkt zuvor, dass alle sichtbaren Gestirne von ausreifungsbedürftigen Wesen bewohnt sind, die jedoch nicht das ihnen zugewiesene Gestirn verlassen können, laut Gesetz von Ewigkeit; dass wohl eine geistige Verbindung bestehen kann, eine solche aber von Bewohnern der Erde mit Bewohnern anderer Gestirne nicht gesucht werden soll, da ihr nicht um den Reifezustand derer wisst, die sich euch geistig kundgeben wollen.

Diese Wesen können euch auf geistigem Wege, durch Medien, wohl Botschaften zukommen lassen, die ihr jedoch auf ihren Wahrheitsgehalt nicht kontrollieren könnt. Und solche Botschaften sollt ihr daher als fragwürdig ablehnen, denn wenn ihr von Mir aus belehrt werden sollt, geschieht dies direkt oder durch Lichtwesen in Meinem Reiche, die von Mir direkt das Lehrgut entgegennehmen, das sie euch bringen sollen. Ihr sollt euch fernhalten von einem Geisterverkehr, solange ihr nicht die Geister unterscheiden gelernt habt.

Mein Gegner aber wird sich immer dort einschalten, wo die Menschen sich bereitwillig öffnen für Mitteilungen aus der Geisterwelt. Das Verlangen nach Übersinnlichem gibt schon Meinem Gegner eine Handhabe, und er wird die Verlangenden immer bedienen, doch niemals zu derer Seelen Heil. In der Endzeit wird er auch die Menschen zu täuschen suchen, indem er selbst zu Materialisationen greift, indem er vor den Augen einzelner Menschen Gegenstände erscheinen lässt, die nicht materiell bestehen, sondern sich als Luftgebilde denen präsentieren, die Ungewöhnliches erleben wollen und daher auch von Meinem Gegner leicht beeinflusst werden können. Dazu kommt noch der Umstand, dass auch Menschen Versuchsobjekte in das Weltall jagen und wieder als materielle Gegenstände zu sichten sind, so dass die Menschen nicht mehr zu unterscheiden vermögen zwischen Schein und Wirklichkeit.

Doch satanischen Ursprungs ist beides, ob es den Ausgang nimmt von Menschen oder von der geistigen Welt, die jedoch immer das Reich der Finsternis ist, wie auch jene Menschen von dem Fürsten der Finsternis veranlasst werden zu ihren Versuchen.

Es geht dem Ende zu, und das ist auch der Grund zu dem ungewöhnlichen Wirken Satans.

Ich Selbst aber wirke auch ungewöhnlich, indem Ich den Menschen die reine Wahrheit zugehen lasse, und Ich würde wahrlich euch Menschen auch Kunde zugehen lassen, wenn in Meinem Auftrag jene "Bewohner anderer Sterne" tätig werden sollten. Ich würde euch nicht darüber im unklaren lassen. Doch Ich sage immer wieder: "Lasset euch nicht von solchen Blendlichtern irritieren", denn der, von dem sie ausgehen, will euch nicht retten, sondern euch verderben. Und ihr werdet vor dem Ende noch viel erleben und sein Wirken deutlich verfolgen können, wenn ihr nur aufmerkt und Mir verbunden bleibt, so dass Ich Selbst stets euer Denken erleuchten kann und ihr im Licht der Wahrheit auch ihn und sein Treiben erkennt. Amen.

BD Nr. 8623 vom 22.09.1963, enthalten in Buch 90

"Tag und Stunde weiß niemand..." . Falsche Propheten der Endzeit

Zeitmäßig wird niemals ein Seher und Prophet ein bevorstehendes Gericht bestimmen können, denn dies ist von Gott aus als für die Menschen unzuträglich nicht zugelassen. Und es wird daher kein

Mensch mit Bestimmtheit den Tag voraussagen können, da ein Gericht über die Menschen hereinbricht. Doch aufmerksam gemacht werden sollen sie, und deswegen gibt Gott durch Menschenmund, durch Seher und Propheten, Kunde, sowie ein Gericht im Anzug ist.

Wird also allein ein Gericht angekündigt, so ist solchen Kundgaben Glauben zu schenken, wird aber das Gericht zeitmäßig festgelegt, dann kann diese Prophezeiung mit Recht verworfen werden als falsch. Dann treten falsche Propheten auf, die nicht angehört zu werden brauchen, denn es bezwecken solche Ankündigungen dann zumeist irdische Vorteile, und dann ist Vorsicht geboten.

So Gott Sich nun eines Menschen bedient, um durch ihn der Menschheit Kunde zu geben von Seinem Heilsplan von Ewigkeit, dann gibt Er ihm nicht nur Kenntnis von Seinem Vorhaben, von dem bevorstehenden Gericht, sondern Er gibt ihm eine Allgemeinkenntnis, die dem Diener Gottes die Notwendigkeit eines Gerichtes verständlich macht, auf dass dieser dann jene Prophezeiungen überzeugt den Mitmenschen gegenüber begründen kann.

Doch so überzeugt er nun auch für die Wahrheit der Kundgaben eintreten wird, er wird doch niemals den genauen Zeitpunkt angeben können, denn diesen behält Gott Sich vor. Dennoch kann eine jede derartige Kundgabe als vollste Wahrheit angenommen werden, und es wird immer wieder aus dem Buch der Väter die Bestätigung sich ergeben, dass nur das angekündigt wird, was völlig übereinstimmt mit jenem, und es ist darum auch mit Sicherheit mit der Erfüllung jener Ankündigungen zu rechnen und das kommende Gericht als feststehende Tatsache anzunehmen.

Doch es bleibt die Menschheit im ungewissen, in welcher Zeit Gott Selbst Sich offenbart, doch vorbereitet soll sie jederzeit sein, ansonsten die Ankündigungen, die Gottes Liebe den Menschen zugehen lässt, ihren Zweck verfehlen und dann das Gericht plötzlich und unerwartet über die Menschen hereinbrechen würde.

Amen.

BD Nr. 4675 vom 24.06.1949, enthalten in Buch 53

Wunderwirken in der Endzeit

In Meinem Namen werdet ihr Wunder zu wirken imstande sein, denn es soll die Kraft und Macht Meines Namens offenbar werden am Ende der Tage. Der glaubenslosen Welt gegenüber ist dies kein Glaubenszwang mehr, denn die Mir abgewandten Menschen suchen sich alles natürlich zu erklären; Meinen Gläubigen aber mangelt es nicht an der Erkenntnis, und also wissen sie, dass nichts unmöglich ist, sowie es mit Meiner Kraft und mit Unterstellung unter Meinen Willen ausgeführt wird. Die letzte Zeit erfordert große Zeichen, auf dass Mein Wirken zutage tritt, auf dass noch zu Mir finden die letzten, die Schwachen im Geist, die dadurch Stärkung erfahren, auf dass ihr Entscheid der rechten Richtung gilt.

Es werden Meine Diener auf Erden über außergewöhnliche Kraft verfügen und diese anwenden können Schwachen und Kranken gegenüber, geistig und körperlich Hilfsbedürftigen, die nicht gänzlich ohne Glauben sind. Denn es wirkt auch Mein

Gegner in einer Weise, dass er sich selbst äußert durch falsche Propheten, dass er Menschen, die ihm hörig sind, Kraft zuführt, gleichfalls Dinge zu vollbringen, die übernatürlich scheinen, um die wahren Wunder, die Ich durch Meinen Geist wirke, zu entkräften und so die Gläubigen von Mir abwendig zu machen.

Doch Meine Kraftzuleitung ist anderer Art, sie ist nicht von der Willensstärke eines Menschen, sondern von dessen Glaubensstärke abhängig, sie wurzelt im tiefen Glauben an Mich und Meinen Beistand, und die Liebe eines Menschen bringt sie zur Auswirkung, während überstarker Wille ohne Glauben an Mich sich von Meinem Gegner beeinflussen lässt und er dann ausführt, was Mein Gegner will, was niemals die Liebe zum Anlass hat und niemals Liebe-erweckend ist.

Darum lenkt euer Augenmerk darauf, ob die Wunder, die ihr seht, Liebeswirken sind, ausgeführt an leidenden sich in Not befindlichen Mitmenschen, oder ob sie Werke sind zur Vermehrung irdischer Güter, ob es ein rein materielles Wirken ist, wo keinerlei Liebe zum Mitmenschen herausspricht. Denn bezweckt ein Wunder irdischen Glanz und Vorteil, dann ist es nicht von Mir gewollt und bewirkt. Befreit es aber den Menschen aus körperlicher oder geistiger Not, dann bin Ich Selbst am Werk und wirke durch Meine Diener auf Erden, denen Ich Kraft verleihe in erhöhtem Maß, um Mich Selbst zu offenbaren durch jene.

Meine Diener werden es fühlen, wenn sie durch Mich veranlasst werden, Wundertaten zu verrichten, sie werden nicht verstandesmäßig etwas ausführen, sondern plötzlich von innen heraus angetrieben werden zu Reden und Taten, sowie Meine Kraft sie durchströmt durch Meinen Willen. Dann setzen sie Mir keinen Widerstand entgegen, sondern sie wollen das gleiche, weil Ich ihnen dies durch Meinen Geist kundtue und sie dann reden und handeln als Meine Organe, sie führen Meinen Willen aus, nur den Mitmenschen durch die Person des Dieners auf Erden ersichtlich, denn die Zeit des Endes erfordert außergewöhnliches Wirken, auf dass Ich Selbst, Meine Macht und Kraft und Liebe, offenbar werde, auf dass die Gläubigen sich daran aufrichten und die Schwachen noch zu Mir finden in letzter Stunde, bevor das letzte Ende kommt. Amen.

BD Nr. 3727 vom 27.03.1946, enthalten in Buch 47

Wunder . Falsche Christi und Propheten

Alles will Ich für euch tun, um eure Seelen zu retten vor dem Untergang, vor nochmaliger Bannung in den Schöpfungen der neuen Erde. Dennoch muss alles im Rahmen des Natürlichen geschehen, um euch nicht zur Annahme des Glaubens zu zwingen, um euch in vollster Willensfreiheit die Entscheidung treffen zu lassen.

Doch Ich helfe nach durch ungewöhnliche Erscheinungen aller Art, durch die Ich euch Menschen zum Nachdenken veranlassen will. Ebenso wird aber auch Mein Gegner auf euch einwirken wollen, auch er wird euch durch Erscheinungen beunruhigen, die aber das Gegenteil bewirken sollen: den Glauben an Mich zu zerstören.

Kann euch Aufklärung gegeben werden über solche ungewöhnliche Erscheinungen, dann werdet ihr auch die satanische Einwirkung erkennen. Ohne Aufklärung aber seid ihr geneigt, sein Werk als Entäußerung Meiner Allmacht anzusehen, und ihr könnt dann in arge Zweifel geraten an Meiner Liebe und Weisheit. Denn was er euch vor Augen stellt, wird niemals einem edlen Zweck dienen, doch schlechte Folgen nach sich ziehen.

Wodurch Ich aber eure Seelen gewinnen will, das wird immer nur Meine Liebe und Weisheit verraten, es wird immer etwas sein, was euch dient zur Erkenntnis, was euren Glauben an Mich erwecken und kräftigen soll. Was von Mir kommt, muss gute Auswirkung haben und wird an diesen auch als Mein Werk zu erkennen sein.

Darauf soll in der letzten Zeit vor dem Ende geachtet werden, denn es werden viele Dinge geschehen, die euch Menschen ungewöhnlich erscheinen und euch darum auch beeindrucken, und es wird euch möglich sein, zu unterscheiden, wenn ihr guten Willens seid. Denn der Satan kann sich nicht verbergen, und alle seine Werke verraten ihn an ihren Folgen!

Darum hütet euch vor falschen Christi und falschen Propheten. Auch sie werden auftreten vor dem Ende, gleich wie Ich rechte Propheten erstehen lasse, die Mich und Meinen Namen verkünden sollen und deren Sendung Ich auch durch Zeichen und Wunder bestätigen werde. Und es wird Mein Gegner auch Zeichen und Wunder tun, die aber sehr leicht zu durchschauen sind, weil sie das verraten, was die rechten Propheten und Künder Meiner Lehre brandmarken: weltliche Erfolge, Stärkung irdischer Macht und Irrlehren, die ein verzerrtes Bild von Mir geben, also den Glauben an Mich untergraben.

So euch Menschen etwas rätselhaft erscheint und ihr selbst euch keine Erklärung zu geben vermögt, so achtet nur auf die Auswirkung, achtet darauf, welche Triebe in den Menschen erweckt werden und ob sie geeignet sind, den Glauben an Mich erstehen zu lassen oder ob Ich als Gott und Schöpfer von Ewigkeit dadurch in Misskredit gebracht werde, ob man Meine Liebe, Weisheit und Allmacht damit in Frage stellen, also den Glauben an Mich als zweifelhaft hinstellen will, und ihr werdet erkennen, welcher Geist am Werk ist; ihr werdet denken an Meine Warnungen vor falschen Christi und falschen Propheten.

Meine Zeichen und Wunder aber können euch zum Glauben führen, denn sie beweisen deutlich eine Macht, Die euch wohlgesinnt ist und Die euch erretten will vom geistigen Tode, solange noch Zeit ist. Achtet dieser Zeichen, denn auch sie künden euch das nahe Ende, und sie sollen sprechen zu denen, die sich noch nicht restlos entschieden haben für Meinen Gegner.

Amen.

BD Nr. 6039 vom 31.08.1954, enthalten in Buch 65

Verbreitung des Irrtums in der Endzeit . Gottes Gegenwirken

Es wird der Irrtum sich immer leichter Bahn brechen als die Wahrheit, weil er den Menschen mehr zusagt, also dem Unvollkommenheitszustand der Menschen damit Rechnung getragen wird. Die Wahrheit wird nur die Menschen befriedigen, die den inneren Trieb haben zur Höhe, die darum der Welt und ihren Reizen nicht mehr zugewandt sind und sich auch mit den dem Körper nicht so zusagenden Anforderungen auseinandersetzen, so die Wahrheit solches verlangt.

Dennoch wird die Wahrheit siegen, denn alle, die dem Irrtum anhängen, werden untergehen, während die Wahrheit auch garantiert für das ewige Leben. (26.1.1949) Denn die Wahrheit ist göttlich und bleibt bestehen bis in alle Ewigkeit.

Dass aber der Irrtum in der Endzeit überall in dem Maße Verbreitung findet, dass die Wahrheit nur verschwindend wenig sich durchsetzt, ist der Anlass, dass Gott Selbst, als die ewige Wahrheit, Sich wieder verkörpert im Geist der Menschen, die Ihm dienen wollen als Wahrheitsträger. Denn die wenigen Menschen, die noch für die Wahrheit aufgeschlossen sind, bedürfen einer besonderen Betreuung, auf dass sie nicht Schaden nehmen inmitten einer Umgebung, die von Einflüssen aus dem Reich der Finsternis berührt werden. Sie bedürfen erhöhter Kraftzuwendung, sie bedürfen einer direkten Belehrung aus dem Reich des Lichtes. Deshalb bedenkt Gott sie außergewöhnlich und lässt ihnen Sein Wort in einer Weise zugehen, die wohl außergewöhnlich ist, jedoch auch um der Menschen willen natürlich erklärt werden könnte, auf dass sie nicht zum Glauben gezwungen werden.

Gott Selbst belehrt die Menschen in der Wahrheit durch den Mund eines sich Ihm zur Verfügung stellenden Dieners, so dass also reinste Wahrheit garantiert ist und jeder Irrtum ausscheidet. Doch der Glaube daran, dass das Dargebotene Wahrheit ist, muss von dem Menschen selbst gewonnen werden, ansonsten auch die tiefste Wahrheit wirkungslos bleibt. Die Prüfung, ob Gott durch jenen Menschen spricht, kann von jedem gewissenhaften und Wahrheit verlangenden Menschen wohl vorgenommen werden, denn die göttliche Liebelehre wird jedem Wort zugrunde liegen, und diese wird nimmermehr eine Gegenmacht dazu benutzen, um die Menschen von Gott abzudrängen.

Alles, was Gott zum Ziel hat, alles, was von der Liebe Gottes zeugt, was Liebe lehrt und die Vollkommenheit fördert, ist göttlich, hat also seinen Ausgang genommen bei Gott Selbst, und daran kann jederzeit der Maßstab angelegt werden. Darum kann eine solche Prüfung ein jeder vornehmen, denn so er ernsten Willens ist, wird er das Göttliche im Herzen spüren, weil, was von Gott seinen Ausgang nimmt, als Kraft wirkt im Herzen dessen, der im Verlangen nach Gott und also auch nach der reinen Wahrheit steht.

Fähig zur Prüfung ist jeder, der willig dazu ist, denn dieser prüft mit der Unterstützung Gottes, Der allen die Erkenntniskraft gibt, auf dass sich die Wahrheit Bahn breche und den Irrtum verdränge, auf dass die Schar der Seinen in der Endzeit eine starke Stütze hat in der Erkenntnis, dass Gott Selbst weilt auf Erden im Geiste derer, die gewillt sind, Ihm zu dienen. Amen.

BD Nr. 4549 vom 25.01.1949, enthalten in Buch 53

Verkünden des Evangeliums dringlich in der Endzeit

In einer Welt der Lieblosigkeit und des Hasses ist es schwer, Mein Evangelium zu predigen, das nur Liebe zueinander lehrt und darum keinen Anklang findet unter den Menschen. Und doch sind gerade diese lieblosen Menschen es, die dringend belehrt werden sollen, auf dass sie in sich gehen und sich wandeln.

Die Liebe zu den Mitmenschen wird gänzlich vernachlässigt in der letzten Zeit vor dem Ende, und das schon gibt euch den Beweis, dass ihr vor dem

Ende steht. Die Lieblosigkeit werdet ihr immer beobachten können in eurer Umwelt und also auch wissen, in welcher Stunde ihr lebt. Ihr werdet aber auch wahrnehmen können, dass sich kleine Gemeinden bilden, die das Evangelium ausleben, und ihr werdet auch die Auswirkung auf beiden Seiten beachten können und also dort viel Kraft antreffen, wo nur ein wenig Liebe unter den Menschen ist. Dies soll die Mitmenschen anspornen zu einer Wandlung ihrer Gesinnung, ehe es zu spät ist.

Darum sollt ihr ohne Furcht Mein Evangelium verkünden, wenngleich ihr Abwehr findet, denn Ich unterstütze euch in eurem Beginnen, indem Ich euch durch offensichtliche Zeichen hinweise, euren Worten Ausdruck verleihe und die Menschen ihrer gedenken werden, die euch abwiesen und euch keinen Glauben schenkten. Denn nur durch Mein Evangelium, das ihr ihnen bringen sollt, können sie Mich kennenlernen und über Meinen Willen unterrichtet werden, und nur durch Erfüllen Meines Willens kann in ihnen auch das Verständnis erwachsen für hohes Wissen und dessen Heilsamkeit.

Da aber Mein Wille gerade das Gegenteil verlangt als den derzeitigen Zustand ohne Liebe und also auch ohne Glauben, so ist das Wissen um Meinen Willen von solcher Dringlichkeit, dass ihr, Meine Diener auf Erden, alles tun sollt, um die Mitmenschen zum Glauben zu bewegen, und ihnen vor allem die Auswirkung eines Liebelebens vorstellen müsst, damit der Geisteszustand der Menschen vor dem Ende noch etwas erhöht werde, auf dass der letzte Tag doch noch einige Gerechte finde, die nicht dem Lager Meines Feindes angehören und nicht der restlosen Vernichtung des letzten Tages anheimfallen.

Sucht noch eifrig Seelen zu gewinnen, und lasst euch nicht abweisen, aber kommt ihnen mit Liebe entgegen, und ihr werdet weit mehr Erfolg haben, als so ihr sie mit Vorwürfen und Redewendungen bearbeitet, die wenig Überzeugungskraft und daher wenig Erfolg haben. Mein Wort sollt ihr ihnen darbieten, und die Kraft Meines Wortes wird doch an Menschenherzen rühren, so die Worte in Liebe dargeboten werden.

Die Welt des Hasses und der Lieblosigkeit geht dem Ende entgegen, und eure Arbeit für Mich und Mein Reich wird immer dringlicher. Werdet nicht lau, sondern bleibt strebsam und arbeitet mit Eifer, denn es ist nicht mehr lange Zeit, und glaubt, dass ihr als Meine Mitarbeiter stets Meine Unterstützung erfahren werdet, sowie es gilt, irrende Seelen der Wahrheit zuzuführen, die ihnen nur durch euch geboten werden kann, weil ihr, Meine rechten Vertreter auf Erden, sie selbst von Mir empfangen habt und daher auch tauglich seid, Mein Evangelium hinauszutragen in die Welt, das Licht zu tragen in die Finsternis, die Liebe den Menschen zu predigen, die noch eines guten Willens sind.

Amen.

BD Nr. 5187 vom 11.08.1951, enthalten in Buch 58

Prüfen der Geister. Wirken des Gegners in der Endzeit.

Das eine nur sollt ihr wissen, dass sich Mein Gegner einschaltet, wo er nur kann, weil es die Zeit des Endes ist.

Überall könnt ihr sein Wirken feststellen, wo Unklarheit herrscht, wo Verwirrung ist und wo sich Unstimmigkeiten bei den Menschen ergeben, die immer der auszulösen sucht, der euer Feind und Mein Gegner ist. Und wo ihr Unstimmigkeiten feststellt unter (zwischen) euch und euren Mitmenschen, dort wisst ihr auch, dass er am Werk ist, um euren geistigen Aufstieg zu gefährden, denn es ist dort auch kein Licht, das in die Dunkelheit hineinleuchtet.

Selbst die Meinen sucht er in Verwirrung zu stürzen, wenngleich sie alle das Rechte wollen und in Meinem Willen tätig zu sein glauben. Denn leuchtet ihnen einmal ein helles Licht aus Mir, dann wird er es sicher zu trüben oder gar zu verlöschen suchen, und dann braucht ihr große Kraft, und ihr müsst diese von Mir erbitten, auf dass ihr Widerstand bieten könnt, wenn er euch bedrängt oder er euch wieder in die Dunkelheit zurückstoßen will.

Ein jeder hat aber selbst Macht über ihn, wenn es sein innigstes Verlangen ist, Mir anzugehören, und er durch Liebewirken Meine Gegenwart zulässt, so dass Ich Selbst ihn schützen kann vor ihm. In welcher Weise er sich nun durchzusetzen sucht, das erkennt ihr daran, dass er sich menschliche Gefäße erwählt, die er mit seinem Einfluss veranlasst und Meinen Namen missbraucht, um sein schändliches Vorhaben den Menschen glaubhaft vorzustellen als "Mein Wirken".

Es wird dies in der Endzeit ganz besonders in Erscheinung treten. Zwar habe Ich euch angekündigt, dass Ich Meinen Geist ausgießen werde über alles Fleisch, und gerade diese Verheißung will er nun auswerten, indem er sich anmaßt, Unwahrheit unter die Menschen zu bringen unter dem Deckmantel "göttlichen" Wirkens. Und die Menschen nehmen bedenkenlos alles an, doch die innige Bindung mit

Mir würde sie stets erkennen lassen, ob Ich oder Mein Gegner am Wirken ist. Denn sie fühlen in sich eine Abwehr dessen, was nicht "Meines Geistes Wirken" ist. Aber ihr Menschen sollt auch achtsam sein und nicht gedankenlos alles als Wahrheit annehmen, denn er tarnt sich gut, weil er alle Mittel anwendet, um die Seelen zurückgewinnen, die ihm verlorengingen, die schon ihren Willen Mir geschenkt haben und die Ich darum auch nicht fallenlasse.

Ich muss euch diese Aufklärung geben, nehmt ihr Menschen doch vieles an als von Mir stammend, was von Meinem Gegner ausgeht, aber Ich werde euch auch stets ein Licht schenken und eure Gedanken recht lenken, wenn ihr dies ernstlich wollt. Ihr selbst aber müsst auch bemüht sein, immer das Rechte zu erkennen, denn durch dieses Begehren nach der reinen Wahrheit gebt ihr Mir auch die Berechtigung, euch diese zuzuführen.

"Ich gieße Meinen Geist aus über alles Fleisch, und Knechte und Mägde werden weissagen...." Diese Verheißung habe Ich euch gegeben, und sie muss sich auch erfüllen - und sie erfüllt sich auch! Dennoch müsst ihr Menschen selbst prüfen. (Denn ihr müsst doch auch zugeben, dass euch schon vieles unterbreitet wurde als von "Mir ausgehend", das ihr als falsch und irreführend erkanntet.) Denn ihr müsst doch auch zugeben, dass der Lügengeist sich oft durchschauen ließ, und dass aber dennoch jene Gefäße sich als Meine Knechte und Mägde ansehen. Bedenkt, wie oft sich Widersprüche erkennen ließen und wie dadurch immer wieder die reine Wahrheit gefährdet wurde.

Wolltet ihr alles das als "Ausgießung des Geistes über Knechte und Mägde" annehmen, was gerade in dieser Endzeit euch geboten wird, wie sehr würde sich euer Denken verwirren, und von einem "Licht aus der Höhe" könnte kaum gesprochen werden.

Ihr sollt ernsthaft prüfen und euch dazu Meinen Geist erbitten. Und wenn ihr es ernst nehmt mit der Wahrheit, dann werdet ihr wahrlich auch erkennen, wo Mein Gegner am Wirken ist. Denn es ist euch dies keine Garantie für die Wahrheit, wenn sich der Gegner Meines Namens bedient; er hat große Macht am Ende, und er geht mit aller List und Tücke gegen die reine Wahrheit vor. Er will das Licht aus der Höhe verlöschen oder es trüben, und er findet immer in den Menschen eine Schwäche, wo er einschlüpfen kann, wenn der Mensch noch nicht völlig das Erbübel abgelegt hat, wo noch ein Fünkchen von Hochmut in seiner Seele ist, wo der Mensch noch hervortreten möchte und sich als Gefäß Meines Geistes ausgibt, das er aber erst dann sein kann, wenn tiefste Demut sein Herz erfüllt.

➔ Denn nur dem Demütigen schenke Ich Meine Gnade.

Und Ich wirke im Verborgenen, aber die Menschen, die mit einem von Mir auserwählten Gefäß Verbindung haben, erkennen Mich in jedem Wort, das nun der Mensch zu seinen Mitmenschen redet. Denn Ich Selbst werde denen die Worte in den Mund legen, die für Mich und Meinen Namen reden und die Mir in der Endzeit dienen, die Ich als tauglich erachte, Mir als Knechte und Mägde zu dienen in Meinem Willen.

Amen.

BD Nr. 8220 vom 22.07.1962, enthalten in Buch 87

Der Gegner sucht die Menschen in der Finsternis zu halten

Es darf euch nicht schrecken, wenn ihr angegriffen werdet von Seiten derer, die Mein Gegner benützt, um die reine Wahrheit zu entkräften, die Ich euch vermittle aus der Höhe. Ihr werdet stets von Meiner Kraft durchströmt werden und Widerstand leisten können allen seinen Angriffen gegenüber, denn ihr arbeitet für Mich und in Meinem Auftrag. Meine Macht ist wahrlich so stark, dass Ich alles von euch abdrängen kann, dass Ich das Werk Meiner Liebe zu euch Menschen nicht gefährden lasse.

Es ist wohl richtig, dass in der Endzeit den Menschen viel angeboten wird als angebliche Wahrheit und dass es schwer sein wird, hindurchzufinden und das Rechte zu erkennen, doch niemals ist es unmöglich, weil Ich immer euch Meine Unterstützung zusichere, wenn ihr in der Wahrheit zu stehen begehrt.

Ihr werdet fragen, warum Ich das alles zulasse, warum Ich Meinen Gegner nicht hindere, dass er seinen Einfluss auf Menschen ausübt, die anscheinend auch nur das Beste wollen. Es geht um den freien Willen des Menschen, den Mein Gegner für sich zu gewinnen sucht, und Ich muss ihm das Recht zubilligen, weil sein Anhang einst im freien Willen ihm folgte und er das gleiche Anrecht hat, um die Seelen zu kämpfen, die Entscheidung aber allein vom Willen des Menschen abhängt.

Der Gegner also sucht die Menschen in der Finsternis zu halten, in die er sie einst gestürzt hatte. Er sucht alles zu verhindern, was ihnen ein Licht schenken könnte, in dem sie Mich Selbst erkennen und sich nun im freien Willen Mir wieder zuwenden könnten. Licht aber ist Wahrheit, also lässt er nichts unversucht, um die Wahrheit aus Mir zu untergraben, und er wird immer an den Lichtträgern, an Meinen Boten, sich versuchen und das Licht verlöschen wollen, und er bedient sich dazu der schändlichsten Mittel. Doch er ist völlig machtlos, sowie seinem Wirken das Erlösungswerk Jesu Christi entgegengesetzt wird, sowie der göttliche Erlöser Jesus Christus Selbst angegangen wird um Schutz vor ihm. Dann sind alle seine Bemühungen vergebens.

Es ist also eines nötig: dass ihr wisst um die große Bedeutung des Erlösungswerkes des Menschen Jesus, in Dessen Hülle Sich die "Ewige Liebe" Selbst barg. Es ist das Wissen nötig um Meine Menschwerdung in Jesus, um die Einswerdung Jesu mit Mir, seinem Gott und Vater von Ewigkeit. Dann weiß er auch um den "Heilsplan Gottes", er weiß um den Zusammenhang von allem Erschaffenen mit Mir, seinem Schöpfer, und er weiß um den Gang eines jeden gefallenen Urgeistes durch die gesamte Schöpfung und um den Gang der Rückkehr zu Mir.

Wer um dieses alles weiß, der kennt auch den weiteren Gang der Entwicklung nach seinem Erdenleben im jenseitigen Reich und die endlos vielen Möglichkeiten, einem noch unerlöst in das geistige

Reich eingegangenen Wesen zur Erlösung zu verhelfen und auch den Gang der Höher-Entwicklung zu gehen.

BD Nr. 8288 vom 01.10.1962, enthalten in Buch 87

Erlösende Mitarbeit in der Endzeit

Wenn ihr euch Mir zur Verfügung stellt, dass ihr Meine Mitarbeiter sein wollt in der letzten Zeit vor dem Ende, so braucht ihr auch nicht zu befürchten, dass ihr dieser Arbeit nicht gewachsen seid, denn Ich weiß es, wo Ich euch einsetzen kann, dass ihr erfolgreich tätig seid. Eines jeden Menschen Fähigkeiten sind andere, und je nach dieser Fähigkeit werde Ich ihm auch die Arbeit zuteilen, und ist er bereit, Mir zu dienen, wird ihm diese Arbeit auch wohlgelingen.

Da es nun in der Endzeit vor allem darum geht, dass der Menschheit ein Licht gebracht werde, erwähle Ich Mir auch die rechten Lichtträger aus. Menschen, in denen Ich ein rechtes Licht entzünden kann und die nun auch dienstwillig sind, das Licht zu verbreiten, die selbst im Licht ihrer Erkenntnis wissen um den lichtlosen Zustand der Mitmenschen und alle ihre Kräfte einsetzen, um diesen Zustand zu wandeln.

Das Ausstrahlen des Lichtes, die Verbreitung Meines Wortes, ist eine gewaltige Aufgabe, weil sie einen erlösenden Erfolg haben kann und auch haben wird, weil Mein Wort Kraft ist in sich und seine Wirkung nicht verfehlt. Doch jene Aufgabe erfordert Ausdauer, Willensstärke und ein liebendes, hilfsbereites Herz, sie erfordert ständige Bindung mit Mir, ständige Bereitschaft, von Mir die Lichtstrahlen entgegenzunehmen, also nimmermüde geistige Tätigkeit, die nicht viele Menschen verrichten wollen. Doch in völlig freiem Willen muss Mir diese Arbeit geleistet werden, dann erst wird sie den Erfolg haben, dass die Lichtstrahlen durchdringen durch die Finsternis. Denn dieser freie Wille wird von der Liebe bestimmt, und Liebe nur wirkt sich erlösend aus.

Euch, Meinen Mitarbeitern, gebe Ich immer die Zusicherung, dass ihr gelenkt und geleitet werdet, dass Ich euer Denken recht richte, dass Ich euch stets mit Kraft versehe und euch schützen werde gegen alle Anfeindungen, weil diese eure Arbeit so dringend und wichtig ist, dass Ich wahrlich alles tun werde, um Mir Meine Mitarbeiter zu erhalten, die in Meinem Willen tätig sind und durch die Ich Selbst wirken kann zum Segen der Menschheit. Ihr sollt nur euch Mir gänzlich anvertrauen, ihr sollt in größter Zuversicht eure Arbeit ausführen und immer wissen, dass Ich euch benötige, sonderlich dann, wenn Ich euch mit einer ungewöhnlichen Mission beauftragen konnte, von der das Seelenheil unzähliger Menschen abhängig ist.

Ihr alle wisst nicht, wie dringend die Zuleitung der reinen Wahrheit ist, weil ihr auch nicht wisst, in welchem Ausmaß sich der Irrtum schon durchgesetzt hat und dass die Menschheit in ganz falschen Vorstellungen dahinlebt. Die Welt, d.h. das Reich Meines Gegners, des Fürsten der Finsternis, drängt sich überall vor und nimmt das Denken der Menschen gänzlich in Besitz. Mein Reich aber, das nicht von dieser Welt ist, findet keinen Zugang mehr zu den Menschen, und darum muss Ich es ihnen immer wieder nahezubringen suchen, es soll Mein Reich wieder zu den Menschen kommen, und selig, die sich Meinem Reich zuwenden, die einen rechten Einblick nehmen können in dieses, wenn ihnen die reine Wahrheit zugeführt wird.

Bedenkt, ihr Meine Diener auf Erden, wie kurz die Erdenzeit ist und welchen Phantomen die Menschen nachjagen. Ihr aber könnt sie darüber aufklären, weil ihr selbst schon Mein Reich in Besitz genommen habt durch eure Bindung mit Mir und den direkten Zustrom Meiner Kraft, die jenes geistige Reich zum Ausgang hat. Ihr seid also nur die Mittler zwischen Mir und den Menschen, die den Weg noch nicht gefunden haben zu Mir. Und eurer bediene Ich Mich, weil ich nicht direkt zu den Menschen reden kann, was sie Mir durch ihren Geisteszustand verwehren.

Doch Ich liebe alle Meine Geschöpfe und will

daher auch jenen Meine Gnadengaben zuströmen lassen, was nun auch geschieht. Mein Liebestrom fließt unaufhaltsam zur Erde, der wohl geeignet ist, die Menschen aus dem Dunkel der Nacht herauszuführen in das Licht des Tages; und wer Mir dazu behilflich ist, den will Ich wahrlich segnen und ihm allen Schutz und alle Hilfe angedeihen lassen. Denn die Endzeit gebietet unentwegt Arbeit für Mich und Mein Reich, die Endzeit gebietet eine tatkräftige Gegenarbeit zum Wirken Meines Gegners, der ebenso die Finsternis zu verstärken sucht und gerade in der letzten Zeit viel Unheil und Verwirrung anrichtet, die nur durch die reine Wahrheit verhindert und bekämpft werden kann.

Meine Macht ist wohl größer als die seine, doch der freie Wille des Menschen entscheidet, und dieser soll darum auch durch die Wahrheit recht gerichtet werden. Es sollen die Menschen zum Licht gelangen, die es ernstlich wollen, und dieses Licht sollt ihr ihnen zuführen, die ihr freiwillig für Mich tätig seid. Amen.

BD Nr. 8411 vom 14.02.1963, enthalten in Buch 88

Verbreiten des Evangeliums. Apostel der Endzeit

Das Evangelium zu verbreiten ist eure Aufgabe, für die Ich euch gedungen habe, die ihr willig wart, für Mich zu arbeiten. Das Evangelium zu verbreiten heißt, die Wahrheit den Menschen zu bringen, so wie sie von Mir ihren Ausgang nimmt.

Ich habe aber einen Gegner, der stets die Wahrheit bekämpfen wird, und so also auch euch, die ihr die Wahrheit vor der Welt vertreten wollt. Darum werden Meinen Jüngern stets Gegner erstehen, Menschen, die der Wahrheit Feinde sind und deren Bemühen es ist, sie herabzusetzen, also als Unwahrheit bloßzustellen. Ihre Argumente werden oft nicht so leicht verworfen werden können, denn Mein Gegner kämpft mit großer List und Gewandtheit, er weiß es, wo ein Mensch noch anzugreifen ist, und er weiß es, wo er ansetzen muss, um Erfolg zu haben: an der Unwissenheit, an der Unfähigkeit, zu unterscheiden Wahrheit vom Irrtum.

Weil Ich seine Absicht und sein Wirken kenne, habe Ich Mir Selbst Streiter ausgebildet, Menschen, die Ich völlig in der Wahrheit unterrichten konnte und deren Verstand gleichfalls so scharf ist, dass sie jeden Einwand logisch widerlegen können, wenn es Not tut. Auch sie werden nicht unbelästigt bleiben vom Feind der Wahrheit, denn gerade ein Wahrheitsträger bedeutet für ihn die Gefahr, entlarvt zu werden, weil dieser mit Meiner Kraft arbeitet.

Es ist eine große Verwirrung unter den Menschen, Mein reines Wort erkennen sie nicht mehr, sie suchen sich nach eigenem Willen und Ermessen Mein Wort zu deuten und kommen immer mehr von der Wahrheit ab, weil das Verstandesdenken nur immer größere Verwirrung schafft und das Herz als Eingangstor zur Weisheit verschlossen bleibt.

Mein Wort ist den Menschen fremd geworden, und darum will Ich es ihnen von neuem zuführen; es soll ihnen dargeboten werden von Meinen Auserwählten, von Jüngern, die Ich ebenso belehrt habe und eingeführt in ein Wissen wie Meine Apostel, als Ich auf Erden wandelte. Meine große Liebe bietet es den Menschen immer wieder an, um ihnen Licht zu geben, weil sie in der Dunkelheit wandeln und stets schwächer werden in ihrer Erkenntnis.

Das verunstaltete Wort hat nicht mehr viel Kraft, und nur wenige sind fähig, den rechten Sinn Meines Wortes zu finden, so es ihnen angeboten wird. Und so unterbreite Ich denen, die Ich belehre ihres späteren Lehramtes wegen, die ewige Wahrheit von neuem, auf dass sie dann in reinster Form den Mitmenschen weitergeben können, was sie von Mir Selbst empfangen haben. Aber diese Meine Diener, die ihre Mitmenschen belehren sollen, müssen sich Mir völlig unterstellen. Sie dürfen nicht hören, was Menschen reden, sie dürfen nur Meines Wortes achten und das vertreten auch vor der Welt, was sie von Mir, aus dem geistigen Reich, erhalten haben. Sie müssen einen starken Glauben und einen festen Willen haben, und dieser Wille muss Mir allein gelten. Dann werden sie tauglich sein für das Lehramt und in Wahrheit Mein Evangelium hinaustragen in die Welt.

Doch je näher es dem Ende zugeht, desto heftiger

wird man anrennen gegen die Mauer eures Glaubens. Denn ob auch ein Mensch offensichtlich von Gott gelehrt ist, die Weltmenschen erkennen solches nicht an, und das Wirken des Satans ist auch dort zu erkennen, wo nur ein Schimmer des Lichtes von oben Helligkeit verbreitet haben sollte. Auch in den Reihen der Meinen sucht er Verwirrung anzurichten, und darum ermahne Ich sie, achtsam zu sein, auf dass er nicht Erfolg habe und das Lichtlein verlösche.

Wer Mein Evangelium verbreitet in Meinem Namen, den schütze Ich Selbst vor Irrtum, sowie er von Mir für diese Mission auserwählt ist; wer aber sich selbst zu einem Lehrer macht und nicht von Mir berufen ist, weil er nicht die Fähigkeit dazu besitzt, der wird das Wirken des Satans schwerlich erkennen und dann selbst Gefahr laufen, Irrtum als Wahrheit anzusehen. In der Endzeit hat der Satan große Macht, die Ich ihm nicht kürze, die ihr Menschen selbst aber entkräften könnt, wenn ihr euch im Herzen an Mich wendet und Mich zum Streiter wider ihn erwählt. Dann wird er euch nicht täuschen können, denn ihr werdet hellen Geistes erkennen, was Wahrheit und was Irrtum ist.

Amen.

BD Nr. 5226 vom 04.10.1951, enthalten in Buch 58

Die Jünger der Endzeit

"Und es werden die Letzten die Ersten sein...." Denn ihnen obliegt eine gar gewaltige Aufgabe: inmitten einer glaubenslosen Welt zu künden von dem göttlichen Erlöser Jesus Christus.

Es ist dies deshalb eine gewaltige Aufgabe, weil es keinerlei Beweise gibt für Seinen Erdenwandel, weil es eine viel umstrittene Frage ist, ob der Mensch Jesus je gelebt hat, und weil die Gottheit des Menschen Jesus oder auch die Menschwerdung Gottes in Ihm für die Menschen in der Endzeit völlig unverständliche Begriffe sind und ein Glaube daran ihnen unmöglich erscheint.

Und doch sollen die Jünger der Endzeit überzeugt für Ihn und Sein Erlösungswerk eintreten, sie sollen überzeugt Ihn verkünden. Doch diese Überzeugung müssen sie zuvor selbst gewinnen. Durch Lehren wiederum kann sie nicht gewonnen werden, sondern es gehört dazu ein Lebenswandel in uneigennütziger Nächstenliebe, der erst dem Menschen das Licht gibt, so dass er alles klar überschauen und die Zusammenhänge begreifen kann und dann auch überzeugt eintreten wird für Jesus Christus und Sein Erlösungswerk.

Es wird aber in einer Welt der Eigenliebe sehr schwer sein, sich selbst zu wandeln und die Ichliebe zurückzudrängen um des Nächsten willen, der Hilfe bedarf. Wer es aber tut, der wird wahrlich einen Lohn empfangen dereinst in der Ewigkeit, denn er nur ist befähigt, jene Aufgabe zu bewältigen, dass er als ein rechter Streiter Christi und ein wahrer Apostel wieder das Evangelium verkündet unter der glaubenslosen Menschheit. Er wird es nicht leicht haben, wenngleich er selbst zutiefst überzeugt ist von der Wahrheit dessen, was er kündet, denn die

Lieblosigkeit der Mitmenschen wird ihm Einwände entgegensetzen, es werden die Menschen ihren Verstand anwenden und jegliche Glaubenslehre zerpflücken, und die vielen Irrlehren in der Welt werden ihnen den Rücken stärken, und darum wird mit den Irrlehren gleichzeitig auch die Wahrheit verworfen werden, und es bedarf eines scharfen Schwertes, es muss mit dem Schwert des Mundes gekämpft werden mit allem Eifer.

Diese Aufgabe wäre nicht zu erfüllen, wenn nicht ständig Gott Selbst mit ihnen wäre und Er Selbst durch den Mund jener Apostel reden würde mit überzeugender Macht. Wo aber keine Liebe ist, dort ist auch Gottes Wort vergeblich. Am Ende streitet wieder Gott Selbst gegen Seinen Widersacher, dem die Lieblosigkeit der Menschen zum Vorteil gereicht, die darum nicht zum Glauben gelangen an den Einen, Der auch sie erretten könnte noch vor dem Ende.

Darum ist ein jeder Diener des Herrn gesegnet, der sich selbst bereit erklärt, als Streiter Christi den Kampf zu führen gegen Unglaube und Lieblosigkeit.

Denn dessen Glaube an Jesus Christus wird überaus hoch gewertet, weil es für diese Jünger der Endzeit weit schwerer ist, zu glauben, als es für die ersten Jünger gewesen ist, die den göttlichen Heiland und Erlöser stets in ihrer Nähe hatten und von Ihm Selbst eingeführt wurden in die Wahrheit. Auch sie zweifelten zuweilen, auch ihnen war es nicht immer leicht, zu glauben, aber sie erlebten Sein Wirken, sie hörten Seine Worte, und sie konnten Seinen Lebenswandel verfolgen und auch Seinen Tod am Kreuz. Und sie erfuhren die Ausgießung des Geistes.

Doch alles Wissen darüber müssen die Jünger der Endzeit an sich selbst erfahren, sie müssen erst den Geist in sich zum Erwachen bringen, auf dass er sie einführt und ihnen Kunde gibt von Jesus Christus und Seinem Erlösungswerk. Denn nur dadurch ist die innere Überzeugung zu gewinnen, dass der Geist aus Gott sie belehrt; und eine solche Belehrung ist wiederum nur möglich, wenn der Mensch in der Liebe lebt.

Aber ebenso eifrig werden die letzten Jünger am Werk sein, ebenso eifrig werden sie das Evangelium hinaustragen in die Welt und auf den göttlichen Erlöser hinweisen, Der allein die Rettung ist aus Sünde und Tod. Und ob auch ihnen Widerstände erwachsen, ob man sie auch mundtot zu machen sucht: Gott Selbst wird mit ihnen sein und ihnen die Worte in den Mund legen, Gott Selbst wird sprechen durch Seine Jünger, die Ihm dienen, denn die Menschheit geht dem Ende entgegen.

Amen.

BD Nr. 7011 vom 06.01.1958, enthalten in Buch 75

Jünger der Endzeit / Irdische Bindungen / Sorge Gottes um Familie

Wie sich die Jünger trennen mussten von Ihren Familien, von Haus und Hof, um Mir nachzufolgen, so müssen auch die letzten Jünger bereit sein, alles hinzugeben, so sie in ihren Herzen den leisen Ruf vernehmen, für Mich zu wirken. Die Liebe zu Mir muss so groß sein, dass sie keine irdische Bindung Mir vorziehen, dann erst können sie als Meine rechten Jünger wirken in Meinem Auftrag. Solange die Erde sie noch fesselt, können sie nicht die innere Stimme vernehmen, die aber unbedingt nötig ist, um Mein Wort zu verbreiten, um die Mitmenschen lehren zu können.

Es darf nichts euch lieber sein als Mein Wort, die Äußerung Meiner Liebe zu euch, und ihr müsst gern und freudig und zu jeder Zeit bereit sein, Mein Wort zu hören, direkt oder auch indirekt. Je mehr ihr in das Geistige, in die ewige Wahrheit Einsicht genommen habt, desto erklärlicher wird es euch sein, dass ihr euch restlos Mir schenken müsst, wollt ihr Mir als Werkzeug dienen, denn jede Verbindung von euch mit der materiellen Welt hindert Mich am Wirken durch euch.

Somit habt ihr auch eine Erklärung über das Problem, wieweit Meine Diener frei bleiben sollen von festen Bindungen, die nicht dem geistigen Streben gelten, also nicht ein gemeinsames geistiges

Ziel zu erreichen trachten. Meine Jünger mussten Weib und Kinder verlassen, um Mir nachzufolgen, und Ich segnete sie dafür.

(21.9.1948) Wer Mich zum Ziel hat, darf seine Augen nicht rückwärts senden, wer dem geistigen Reich zustrebt, hat die Welt überwunden und kann daher auch ruhig die Welt lassen, ohne Schaden zu nehmen oder die Mitmenschen zu schädigen. Denn Ich übernehme dann die Sorge um die Seinen, die er bisher versorgt hat. Dann mache Ich ihm auch seine Erdenaufgabe leicht und teile sie ihm nur so weit zu, dass er gleichzeitig geistige Arbeit verrichten kann, d.h. den Mitmenschen Kenntnis geben von Zweck und Ziel des Erdenlebens.

So Ich Meine Jünger dafür benötige, ist diese Aufgabe ihre wichtigste, dann aber sollen sie getrost hingeben, was sie an der Ausführung dieser Arbeit hindern könnte. Sie sollen sich frei machen und nun als Meine rechten Jünger Mein Wort verkünden und ohne Sorge sein.

Wer aber die Welt mehr liebt als Mich, der ist nicht tauglich als Mein Jünger in der Endzeit, denn er kann nicht zwei Herren dienen, er kann nicht der Welt ihren Tribut zollen und gleichzeitig Mir zustreben; die Trennung muss erst vollzogen sein, ehe Ich ihn als Meinen Diener annehmen kann, der nicht mehr rückfällig wird und dem Meine Güter vollen Ersatz bieten für die Güter der Welt. Solange es aber noch etwas gibt, was Mir vorangesetzt wird, kann Ich nicht offensichtlich wirken in und an ihm, und darum muss er restlos die Welt überwunden haben, um Mir ein rechter Jünger zu sein in der letzten Zeit vor dem Ende.

Amen.

BD Nr. 4437 vom 20.09.1948, enthalten in Buch 52

Glaube der Jünger der Endzeit ohne Beweise

Ich verlange von euch, Meinen Jüngern der Endzeit, einen starken Glauben, einen Glauben, der

Mich überzeugt bekennt vor der Welt. Es werden das nur die Menschen können, die mit Mir innig in Verbindung stehen, weil nur diese Verbindung ihren Glauben zu jener Stärke gelangen lässt, während die anderen Menschen Mich leicht aufgeben werden, weil es ihnen schwer ist, zu glauben in einer Zeit, die Meinem Wandel auf Erden so ferne gerückt, dass nur wenige positive Beweise erbracht werden können von Meinem Leben und Sterben, von Meinem Erdenwandel und Meinem Leidensgang. Darum muss der Glaube besonders stark sein, will der Mensch Mich bekennen vor der Welt.

Meine Jünger zur Zeit Meines Erdenwandels sahen Mich, sie lebten mit Mir und waren Zeugen unzähliger Wundertaten; sie konnten Mich hören jeden Tag und von Mir belehrt werden; sie waren über alles aufgeklärt, und es konnte ihnen daher ein leichtes sein, zu glauben an Mich und Meine Mission. Auch sie versagten zeitweilig trotz offensichtlicher Beweise Meiner Göttlichkeit. Doch nach Meinem Tode waren sie von Meinem Geist erfüllt, so dass sie ihre Aufgabe, das Evangelium hinauszutragen in die Welt, erfüllen konnten und sie darum auch überzeugt Mich vertraten vor der Welt.

Wie aber sind Meine Jünger der Endzeit bestellt? Sie haben nichts erschauen und erleben können, sie erfahren nicht Meine sichtbare Gegenwart, sie müssen nur glauben, was ihnen über Mich verkündet wurde. Doch auch Meine Jünger der Endzeit sind nicht kraftlos, und Mein Wirken ist auch ihnen erkenntlich, Ich offenbare Mich auch ihnen im Geist, wozu eben die innige Verbundenheit mit Mir Voraussetzung ist. Ich bedenke sie ungewöhnlich, weil Ich einen ungewöhnlichen Glauben von ihnen fordere und dem Umstand Rechnung trage, dass sie nur auf dem ihnen übermittelten Wissen aufbauen mussten, um zu einem überzeugten Glauben zu kommen, und sie darum einer ungewöhnlichen Hilfestellung bedürfen, wollen sie die auch ihnen nun aufgetragene Mission erfüllen: Mein Evangelium zu verkünden den Menschen in der letzten Zeit vor dem Ende.

Ich verlange viel von diesen Meinen letzten Jüngern, denn sie müssen allein dem Wort glauben, sie müssen allen Gegenargumenten standhalten, die Meinen Erdenwandel und Meine Mission als unglaubwürdig darstellen. Sie müssen nur glauben. Aber dafür segne Ich sie, und Ich sage ihnen wieder: Die Letzten werden die Ersten sein, denn ihre Mission ist eine bedeutsame, gilt es doch, noch vor dem Ende Seelen zu retten, auch sie mit Jesus Christus bekannt zu machen, auf dass sie nicht unerlöst von dieser Erde scheiden.

Sie müssen eintreten für Mich, für ihren Vater und Erlöser, sie müssen Mich bekennen vor der Welt, wenn der Satan mit aller Macht anrennen wird gegen das Bollwerk des Glaubens. Dann müssen sie sich beweisen und ihren Glauben an Mich, dann müssen sie Meinen Namen laut bekennen vor der Welt, weil dieser Name allein die Macht ist, das Wirken des Satans aufzuheben und ihn selbst unschädlich zu machen.

Einen starken Glauben fordere Ich von diesen Meinen letzten Jüngern, doch sie stehen im Kampf gegen den Feind nicht allein. Ich Selbst bin bei ihnen, weil sie Mich durch ihren Glauben gegenwärtig sein lassen, und also wird ihnen auch der Sieg gelingen und allen denen, die Meinen Jüngern folgen und gleichfalls Meinen Namen bekennen vor der Welt.

Amen.

BD Nr. 5951 vom 07.05.1954, enthalten in Buch 64

Jünger der Endzeit . Verbreiten der Wahrheit

Meine Jünger der Endzeit sind beauftragt, euch Menschen das zu vermitteln, was euch zur Seligkeit verhilft: Mein Wort, das in aller Reinheit ihnen von oben durch Meine Liebe zugeleitet wird.

Dass Ich Mir diese Jünger Selbst erwählt habe, muss euch verständlich sein, wenn ihr bedenkt, dass die Lehre, die als Meine Lehre Verbreitung findet auf Erden, nicht mehr rein und unverbildet ist und Ich es nicht zulassen kann, dass die Wahrheit immer mehr verdrängt wird; dass Ich darum Sorge trage, den Menschen wieder die reine Wahrheit zuzuführen und dass dies nur in der Weise geschehen kann, dass sie ein Mensch empfängt in Form Meines Wortes, das direkt von Mir ausgeht und darum vollste Wahrheit verbürgt.

Meine Vertreter dem Namen nach nun könnten Mir gleichfalls als Empfänger dienen, so sie nach Meinem Willen lebten, d.h. ein rechtes Liebeleben, ein Leben in uneigennütziger Nächstenliebe führten und - was sehr wichtig ist - an Mein direktes Geisteswirken glauben könnten. Doch dieser Glaube mangelt ihnen, weil ihnen auch die Kenntnis um Mein Geisteswirken verlorengegangen ist. So muss Ich Mir Selbst Meine Jünger suchen und sie ausbilden als Träger der Wahrheit, Ich muss Mich denen offenbaren, die diesen Glauben in sich tragen, die kein Ding unmöglich halten, weil Gott alles möglich ist.

Diesen nun bringe Ich Mein Evangelium mit dem Auftrag, es weiterzutragen in die Welt. Ich habe nun eine rechte Freude an denen, die Meinem Auftrag nachkommen im Eifer, Mir zu dienen, die also ständig bereit sind, auf die innere Stimme zu lauschen, und sich durch nichts von außen abbringen lassen von ihrem Vorhaben, das wahrlich überaus segensreich ist für sie selbst und auch für die Mitmenschen. Denn Ich benötige diese Mitarbeiter auf Erden zum Verbreiten der reinen Wahrheit, weil sie anders als durch Menschenmund nicht geboten werden kann den Menschen, die noch schwach im Glauben sind und die direkte Verbindung mit Mir nicht eingehen, um Mich Selbst hören zu können.

Der Akt der Übertragung der Wahrheit wird den Menschen immer unverständlich bleiben, solange sie nicht selbst tief gläubig sind und in der Liebe leben. Darum wird auch dem Verbreiter der Wahrheit immer Zweifel entgegengesetzt werden, was aber Meine Jünger der Endzeit nicht stören soll in ihrer Arbeit für Mich und Mein Reich.

Die Wahrheit wird sich durchsetzen, sie wird siegen, wenn auch nach schwerem Kampf gegen den, der als Fürst der Lüge die Wahrheit verdrängen will und darum voller Feindseligkeit gegen die

Wahrheitsträger vorgehen wird. Die Wahrheit ist von Mir, und also kämpft auch der Wahrheitsträger mit Mir!

Das Ende aber ist nahe, und nur wer die Wahrheit besitzt, wird am Ende nicht untergehen, sondern als Mein Anhänger ins Paradies der neuen Erde eingehen. Darum ist die Mission Meiner Jünger von größter Dringlichkeit, denn das Ende ist nahe und mit ihm das letzte Gericht. Amen.

BD Nr. 4473 vom 02.11.1948, enthalten in Buch 52

Verfolgung der Jünger der Endzeit

Ihr werdet gleich Meinen ersten Jüngern angegriffen werden auf das heftigste, wenn die Zeit gekommen ist, da es sich zu entscheiden gilt für oder wider Mich. Dann wird jeder, der für Mich ist, der Mich und Meinen Namen vor der Welt vertritt, angefeindet werden, und ihr werdet viel Kraft benötigen, um Widerstand leisten zu können ihren Anforderungen, Mir zu entsagen und alles zu widerrufen, was ihr bisher vertreten habt. Doch ihr werdet nicht furchtsam sein, denn gleich Meinen Jüngern werdet ihr, von Meinem Geist erfüllt, freudig bekennen, wer euer Herr ist, und euer Wille wird immer sein, Mir treu zu bleiben, und da ihr wisst um Meine Macht und Kraft, werdet ihr die nicht fürchten, die wohl euren Leib, aber nicht eure Seele töten können.

Ich will euch dafür segnen, dass ihr Meinen Namen hochhaltet, dass ihr bekennt euren Mitmenschen gegenüber, dass Er allein eure Stärke ist. Wohl werdet ihr verfolgt werden gleich Meinen ersten Jüngern, doch die Drangsal nicht so fühlen und alles, was euch der Feind der Seele antun will, es wird an euch abprallen, weil das Schild des Glaubens euch deckt.

Gleich Meinen Jüngern werdet ihr auch dann noch Menschen gewinnen für Mich, die durch euer Beispiel zum Glauben geführt werden, die in Meinem Namen eine Kraft erkennen, Der sie sich willig übergeben. Und auch sie werden den Lohn bekommen, den Ich allen verheißen habe, die an Mich glauben, auch sie werden das ewige Leben ernten und aufgenommen in das Reich des Lichtes.

Doch nur die werden Mich offen bekennen, die Mich gefunden haben, denen Mein Wort das Licht gebracht hat, die durch die Liebe zum lebendigen Glauben gelangten und daher auch voll überzeugt sind, dass Ich sie errette aus aller Not des Leibes und der Seele. Aber wer diesen tiefen lebendigen Glauben nicht erlangt hat bis zur Zeit des Glaubenskampfes, der gibt Mich leicht auf; ihn lockt die Welt, und er gibt dafür bedenkenlos hin, was ihm das Höchste sein sollte auf dieser Erde, er gibt Mich auf, weil er Mich niemals recht erkannt hat.

Ihr aber, Meine Jünger der Endzeit, ihr sollt standhalten, und die Kraft wird euch auch reichlich zugehen, denn euer Wille, Mir treu zu bleiben, garantiert euch auch Meine Hilfe und Kraftzufuhr in unbeschränktem Maß.

Ihr könnt nur das irdische Leben verlieren, aber auch dieses wird nicht eher beendet sein, bis es Mein Wille ist; dann aber tauscht ihr ein herrliches

Leben dagegen ein im geistigen Reich. Mich aber gebt ihr nicht mehr hin für noch so große Versprechungen von Seiten dessen, der euch wohl irdische Güter, nicht aber die ewige Seligkeit geben kann.

Kämpfen werdet ihr wohl noch müssen auf dieser Erde, doch der Sieg ist euch sicher, denn ihr kämpft mit Mir und für Mich, ihr streitet für Meinen Namen und Meine Lehre, ihr streitet für die Wahrheit, für das Licht, für eure Seligkeit.

Amen.

BD Nr. 5528 vom 08.11.1952, enthalten in Buch 61

Ermahnung zum Widerstand in der Endzeit

Ihr könnt dessen gewiss sein, dass Ich euch gegenwärtig bin, sowie ihr Meine Stimme vernehmt. Ihr könnt es glauben, dass Mein Geist in euch wirkt, sowie ihr euch innig mit Mir verbindet und Mich zu hören begehrt. Doch es müssen die Voraussetzungen erfüllt sein, dass ihr euch zu einem Aufnahmegefäß Meines Geistesstromes gestaltet, dass ihr eure Herzen zubereitet habt für Meine Gegenwart.

Dies kann nur die Liebe zuwege bringen, die dann auch den lebendigen Glauben gebärt an Mein Wirken in euch, ansonsten ihr nicht nach innen lauschen würdet auf Meine Stimme. Hört ihr aber Meine Ansprache, dann muss auch die Demut euer Herz erfüllen, denn nur dem Demütigen schenke Ich Meine Gnade, und Meine Ansprache ist ein Gnadengeschenk von unerhörter Bedeutung. Dann aber könnt ihr auch überzeugt sein, dass ihr euch in der Wahrheit bewegt, denn was Ich euch nun sage in direkter Ansprache, ist Wahrheit, weil es von dem Geber der Wahrheit, von der Ewigen Wahrheit Selbst, ausgeht.

So betrachtet euch immer als Meine Diener, die immer nur wollen, denken und handeln werden, wie es Meinem Willen entspricht, denn ihr könntet nicht Aufnahmegefäße Meines göttlichen Geistes sein, wenn ihr euch nicht im freien Willen Mir zum

Dienst angetragen hättet und also vollbewusst Mir euren Willen schenktet, der sich also Mir zuwandte und ihr somit die Willensprobe auf Erden abgelegt habt und ihr euch auf dem Wege der Rückkehr befindet und schon kurz vor eurem Ziel angelangt seid.

Wie anders soll Ich euch also eure Mission bestätigen, die zu erfüllen ihr euch freiwillig Mir angetragen habt? Ich konnte euch für diese Mission erwählen, weil alle Voraussetzungen vorhanden waren und Ich will, dass ihr auch eure Mission zu Ende führt und euch in keiner Weise zurückhalten lasst, denn sie ist wichtig, und nicht willkürlich suchte Ich Mir willensstarke Knechte aus, die standhalten allen Anstürmen von Seiten Meines Gegners. Er schreckt wahrlich vor keinem Mittel zurück, wenn er hofft, dadurch das Licht verlöschen zu können, das hell zur Erde niederstrahlt.

Darum werdet nicht wankelmütig im Glauben, Mir rechte Diener zu sein, sondern haltet euch nur fest an Mich und der Versucher wird weichen, wenn er sieht, dass seine Pläne und Vorhaben erfolglos sind. Doch Ich lasse auch ihm vollste Freiheit, denn es ist die letzte Zeit. Bald wird sein Wirken ein Ende finden, und bis dahin werde Ich auch euch zu schützen wissen, die ihr Mir bewusst dient.

Wollt nur, dass ihr Mein seid und bleibt, und nutzt alle Kraft zum Wirken in Meinem Weinberg. Lasst euch nicht erschrecken, sondern glaubt und vertraut Mir, Der Ich wahrlich euch schützen werde und euch nicht dem Irrtum preisgebe, weil ihr ernsthaft nach Wahrheit verlangt. Haltet stets euer Herz geöffnet für Meinen Liebestrom, und empfangt unausgesetzt das Brot des Himmels, das Wasser des Lebens. Lasst euch von Mir speisen und tränken, und ihr werdet zunehmen an Kraft und Mir mit Freuden dienen.

Doch hört nicht, was Menschen euch sagen, wenn es sich nicht mit Meiner Ansprache deckt. Ich lasse zwar jedem die Freiheit, denn Ich zwinge nicht den Willen des Menschen, doch ein jeder muss sich selbst ernstlich fragen, in welchem Verhältnis er zu Mir steht, um auch recht zu denken und zu handeln vor Meinen Augen; und dieses rechte Verhältnis sollt ihr immer herstellen, und ihr werdet dann auch dessen gewiss sein können, dass ihr auch in Meinem Schutz steht und Meinen Gegner nicht zu fürchten braucht.

Doch er wird euch bedrängen bis an das Ende, weil er weiß, dass er nicht mehr viel Zeit hat, und das soll euch auch Erklärung sein für die seltsamsten Geschehen, die sich noch ereignen werden, die ihr aber immer werdet abwehren können mit Meiner Hilfe und Meiner Kraft, denn Ich verlasse nicht, die Mein sind und bleiben wollen. Ich gebe ihnen Kraft zum Widerstand. Ich gewähre ihnen stets Meinen Schutz, so dass sie ihre Aufgabe erfüllen können in Meinem Willen.

Amen.

BD Nr. 8136 vom 26.03.1962, enthalten in Buch 86

Mahnung, die Endzeit auszunutzen für das Seelenheil

Nur wenige Menschen streben ihre Vollendung ernstlich an, die meisten lassen sich genügen an Äußerlichkeiten und sind sich ihres Daseinszweckes nicht bewusst. Sie werten das Erdenleben als Höchstes und sind immer nur bemüht, sich dieses so angenehm als möglich zu gestalten, ohne zu bedenken, welchen Vorteil die Seele daraus zieht und was sie ihren Seelen schuldig sind.

Die Seele will genau so gespeist werden wie der Körper, die Seele bedarf der Nahrung noch viel dringender, denn sie ist das, was bestehen bleibt, wenn der Körper vergeht, wenn das Leben des Menschen beendet ist. Der Zustand, in dem sie sich befindet am Ende ihres Erdenlebens, ist bestimmend für die Ewigkeit. Er kann herrlich sein, aber auch sehr trostlos.

Die Seele kann in höchster Glückseligkeit im geistigen Reich weilen, aber auch reuevoll der ungenutzten Erdenlebenszeit gedenken, wenn Qual und Finsternis ihr Los ist, und dessen gedenken die Menschen nicht. Sie leben ihre Tage dahin und lassen ihre Seele darben, sie versorgen vorerst sich selbst, d.h. ihren Körper, ehe sie daran denken, der Seele eine gute Nahrung zuzuführen, die ihr ein Ausreifen ermöglicht, die ihr verhilft, zur Vollendung zu gelangen.

Oft werden die Menschen durch plötzlichen Tod in ihrer Umgebung darauf hingewiesen, dass auch ihr eigenes Leben sehr schnell beendet sein kann, oft werden durch den Tod Menschen hinweg genommen aus dem Kreise ihrer Lieben, und vorübergehend denken dann wohl auch diese an den eigenen Tod, aber wenige nur nehmen eine ernste Wandlung an sich vor, wenige nur leben ihr Erdenleben bewusst und bereiten sich darin noch vor auf das Leben, das nachher kommt.

Denn nur wenige sind stark im Glauben. Wenige nur treten in lebendige Verbindung mit Gott und gelangen dadurch zur inneren Erkenntnis um Zweck und Ziel des Erdenlebens. Daher werden auch nur wenige bei ihrem Ableben den Grad erreichen, der ihnen den Eingang in lichte Höhen sichert, die meisten aber werden noch lange im jenseitigen Reich ringen und kämpfen müssen, um nur zu einem kleinen Lichtschimmer zu kommen, der ihnen ihr Los erträglicher macht.

Denn ihre Kraft wird nicht groß sein, und dennoch ist ihnen noch ein Aufstieg möglich, wenn sie nicht ganz verstockten Sinnes sind, wenn sie die Führung und Belehrungen im jenseitigen Reich annehmen, die ihnen durch Gottes erbarmende Liebe auch dann noch dargeboten werden, die aber auch den eigenen Willen voraussetzen, noch einen geistigen Fortschritt zu erzielen.

Darum kann den Menschen immer nur warnend und mahnend zugerufen werden: Nutzt die Erdenzeit aus für eure Seele! Lasst sie nicht ungenutzt vorübergehen, sondern denkt daran, dass das eigentliche Leben noch vor euch liegt, dass nicht das Erdenleben das Erste ist, aber dass es ausschlaggebend ist für die Ewigkeit!

Denn ihr könnt viel erreichen auf dieser Erde,

wenn ihr nur ernstlich strebt nach eurer Vollendung. Ihr könnt aber auch versagen, und ihr werdet es bitter bereuen, die Mahnungen und Warnungen auf Erden nicht beherzigt zu haben.

Amen.

BD Nr. 6927 vom 24.09.1957, enthalten in Buch 74

Gnaden der Endzeit . Tod zuvor . Jenseits

Gnädig wird Gott denen sein, die noch zur Zeit ihr Unrecht erkennen und Abstand nehmen davon, doch ohne Erbarmen die schwerste Strafe verhängt werden über die, deren Härte nicht weicht, die auch mit ihren Mitmenschen kein Erbarmen haben und also sich selbst durch ihre Lieblosigkeit richten.

Es wird die kommende Zeit Zeugnis geben von der Verworfenheit der Menschen, es werden die undenklichsten Mittel ersonnen werden, die alle der

Vernichtung dienen sollen; und es werden sich die Menschen nicht scheuen, ihre Pläne zur Ausführung zu bringen unter Anwendung dieser Mittel, und die Bedrückung der Menschen wird zunehmen, und für alles müssen sich die Anstifter verantworten und auch alle, die ihnen zustimmen und sie in ihren Plänen unterstützen.

Denn Gott ist gerecht, und Er urteilt nach Gedanken, Worten und Werken, Ihm ist nichts verborgen; Er sieht in das Herz des Menschen, und jede Regung des Herzens bestimmt das Maß von Gnade, das ihm zur Verfügung steht, das ihm gewährt wird, wenn das Ende herangekommen ist, denn das Ende kommt unwiderruflich. Das Gebaren der Menschen beschleunigt es, und darum wird eine Periode zum Abschluss gebracht, die kein besseres Menschengeschlecht zeitigen würde, auch wenn Gott Seine Geduld noch lange walten lassen möchte und den Menschen noch oft Gelegenheit geboten würde, sich zu wandeln. Doch diese nützen sie nicht mehr, und also wird das Erdenleben von Gott aus beendet.

Dieser Abschnitt der Entwicklung war für die Menschheit ganz besonders gnadenreich, und er hätte auch völlig genügen können, dass ihr Erlösung wurde. Noch bis zum Ende steht Gott den Menschen bei mit außergewöhnlichen Gnadengaben, doch sie werden zumeist unbeachtet gelassen, wie überhaupt nichts mehr beachtet wird, was mit Gott oder ihrem eigenen Seelenheil zusammenhängt.

Darum ist ein längeres Verweilen auf dieser Erde unangebracht, d.h., es ist nur dem Körper Erfolg eintragend, nicht aber der Seele, die unvergänglich ist, und darum wird der Seele jede weitere Erdenmöglichkeit genommen, ihr aber noch eine Fortentwicklung im Jenseits zugesichert, so sie im Jenseits nicht ebenso ablehnend dem Wort Gottes gegenübersteht.

Vorausgesetzt, dass sie noch vor dem letzten Gericht, vor dem Ende dieser Erde das leibliche Leben verliert und aufgenommen wird in das jenseitige Reich. Es ist auch der Tod zuvor noch eine besondere Gnade für den Menschen, so er sich nicht auf der Erde entschieden hat. Er findet dann im

Jenseits noch reichlich Gelegenheit, hilfsbereit zu sein und in Liebe zu dienen, und kann dadurch doch noch die unterbrochene Entwicklung fortsetzen, ja sie sogar noch beginnen, wenn sein Widerstand nicht zu groß ist, so er den Seelen, die ihm helfen wollen, kein Gehör schenkt, denn dann kann er auch noch in seiner Rückentwicklung fortfahren und zur festesten Materie wieder zurückkehren, und dann muss auch er noch den langen Erdenweg zurücklegen, bis er sich wieder verkörpern kann als Mensch.

Der Gnaden also hat Gott noch viele bereit, ehe er die alte Erde vergehen lässt, doch den freien Willen der Menschen zwingt Er nicht, und wie sie sich Seiner Gnade öffnen, so ziehen sie selbst auch Nutzen für ihre Seelen. Leer und kraftlos können sie verbleiben auf Erden sowohl als auch im Jenseits, so sie alle Gnaden außer acht lassen und sich ihnen verschließen, oder auch unglaublich schnell noch zur Höhe sich entwickeln, sowie sie durch ihren Willen jede Gnadengabe auf sich wirken lassen und dadurch Kraft in hohem Maße zugeführt bekommen.

Denn Gott ist überaus gnädig und barmherzig,

aber auch gerecht, und Er bedenkt die Menschen nach ihrem Willen. Amen.

BD Nr. 3135 vom 28.05.1944, enthalten in Buch 41

Gottes Liebe . Endzeit

Ihr sollt alle Meine Liebe in Anspruch nehmen, ihr sollt wissen, dass ihr einen liebevollen Vater habt, Der für euch sorgt und euch auch Freuden bereitet, wenn sie euch dienen zu eurer Vollendung. Meine Liebe zu Meinen Kindern ist grenzenlos, und Meine Kinder seid ihr alle, die ihr zu Mir strebt, die ihr selbst wollt, dass Ich euer Vater bin. Und Meine Liebe wird nie aufhören, sich zu verschenken, sie wird euch alles geben, was ihr irdisch und geistig benötigt.

Es bleibt euch selbst also überlassen, von Meiner Vaterliebe Gebrauch zu machen, ihr sollt euch nur öffnen und euch von Mir ansprechen lassen, und ihr werdet gewisslich nicht leer ausgehen. Denn Ich habe euch noch viel zu sagen, weil die Zeit ihrem Ende zugeht und weil alles so kommen wird, wie es verkündet ist in Wort und Schrift.

Ihr sollt euch euren Mitmenschen mitteilen, aber ihr werdet nicht oft aufnahmebereite Herzen finden, die euch anhören und glauben. Dennoch gebietet es die Not der Zeit, dessen Erwähnung zu tun, was kommen wird in kurzer Frist, und wer da glaubt, der soll gerettet werden, wer nicht glaubt und sich nicht vorbereitet auf das Ende, der wird untergehen, d.h., das Gericht wird ihn ereilen, wenn Ich Meine ewige Ordnung wiederherstellen werde, wenn das Ende dieser Erde gekommen ist.

Dieser Zeit geht ihr Menschen mit Riesenschritten entgegen, und auch Meine Liebe kann das Ende nicht aufhalten, weil Meine Liebe alles Geistige umfasst, wozu auch das noch gebundene Geistige gehört, das seinen Entwicklungsgang beginnen oder fortsetzen soll.

Dass nun die Menschen zumeist versagen und ihr Erdenleben nicht ausnutzen zum Ausreifen ihrer

Seelen, ist ihre eigene Schuld, ihr freier Wille, der darum Mich nicht veranlassen kann, von Meinem Heilsplan abzugehen und das noch unerlöste Geistige in seiner Pein zu belassen.

Aber Ich werde wahrlich noch alles tun, um den Menschen beizustehen, dass sie herausfinden aus ihrer geistigen Not. Ich werde immer wieder durch euch die Menschen ansprechen und sie hinweisen auf die Zeit, die vor ihnen liegt. Ich werde offen und versteckt zu ihnen kommen, und sie sollen Mich erkennen können, auf dass sie nicht sagen können, nicht gewarnt worden zu sein.

Wer sich also zu Mir bekennt, wer Meinen Willen zu erfüllen trachtet, der kann auch dessen gewiss sein, dass er zu den Meinen gehört, dass Ich ihm Meine Liebe schenke, dass Ich ihn schützen und betreuen werde bis an der Welt Ende, bis der Kampf zu Ende geführt sein wird, der den Menschen noch bevorsteht: der Glaubenskampf, den Mein Gegner entbrennen lassen wird, weil er bis zum Ende wütet unter den Meinen, um sie Mir nochmals abtrünnig zu machen. Das ist sein Ziel, dass er den Glauben zerstören will, der noch unter der Menschheit vorhanden ist, aber dieser Glaube ist zumeist noch recht schwach, und darum will Ich ihm Stärkung verleihen durch Meine direkte Ansprache, auf dass der Glaube sich festige und unerschütterlich standhalten wird, wenn Mein Name bekannt werden soll vor der Welt.

Wen Ich Selbst ansprechen kann, sei es direkt oder auch durch Meine Boten, der wird einen lebendigen Glauben gewinnen, und ihn werden keine Drohungen schrecken, weil er seinen Vater erkannt hat und nicht mehr von Ihm lassen kann. Wer aber nicht lebendig ist im Glauben, der wird Mich dahingeben um des Irdischen willen, und er wird selbst sein Leben verlieren an Meinen Gegner, er wird wie ein schwankendes Rohr im Winde sein, und gesegnet, wenn er sich an euch noch aufrichtet, wenn er sich von euch belehren lässt und noch in letzter Stunde zu Mir zurückfindet. Denn Ich werde jeden annehmen, der noch in letzter Stunde zu Mir kommt, weil Ich nicht will, dass ihr verlorengeht, weil Ich euch allen das ewige Leben schenken will.

Darum soll noch eifrig Mein Wort verbreitet werden, darum will Ich euch immer wieder anreden, Ich will Selbst durch euch zu den Menschen sprechen, die sonst Mir ihr Herz freiwillig öffnen. Aber ihr könnt an Meiner Statt anklopfen, und wenn Ich Selbst dann komme und sie öffnen Mir ihre Tür, dann werde Ich sie auch Selbst ansprechen, und sie werden selig sein.

Denn Meine Liebe hört nimmer auf, und wer Mir Selbst Liebe entgegenbringt, den will Ich tausendfach beschenken, Ich will ihn geistig und irdisch beglücken, denn dann erleidet seine Seele keinen Schaden mehr, dann ist sie Mir zugetan und wird nun auch ewiglich die Bindung mit Mir nicht zu lösen vermögen, denn ihre Liebe gilt Mir und wird von Mir aufs innigste erwidert, und sie wird selig sein und bleiben ewiglich. Amen.

BD Nr. 7709 vom 26.09.1960, enthalten in Buch 81

Die Endzeit begründet die Gnadengaben

Ein unverdienter Gnadenakt ist es, wenn ihr Menschen das Wort aus der Höhe vernehmen dürft, denn in der Zeit kurz vor dem Ende ist die Menschheit auf dem geistigen Tiefstand angelangt, der eine Auflösung der Erdschöpfung bedingt, eine Umwandlung und Neu-Einzeugung alles Geistigen, das noch im gebundenen Zustand ist, und auch des Geistigen, das nun als Mensch über die Erde geht und zum größten Teil versagt in seiner Erdenlebensprobe.

Die Menschen also streben nicht von sich selbst aus die Bindung mit Mir an, sie halten sich entfernt von Mir und sind in ihrer Ablehnung nicht würdig, von Mir angesprochen zu werden. Darum ist es eine ungewöhnliche Gnade, dass Ich dennoch Mich herniederneige und die Menschen anspreche, dass Ich auch denen Mein Wort zukommen lasse, die sich entfernt von Mir halten. Ich vergesse also den

Zustand der Unwürdigkeit, Ich gehe den Menschen nach, die sich von Mir abkehren, eben weil die Zeit des Endes gekommen ist und weil dieses Ende für viele Menschenseelen eine erneute Bannung in der Form bedeutet, die Ich noch abwenden möchte von ihnen, solange noch Zeit ist.

Ich rufe und locke, Ich lasse überallhin einen Strahl Meines Liebelichtes leuchten, Ich berühre die Menschenherzen mit diesem Strahl, um nur zu erreichen, dass sie sich besinnen, Meine Worte aufnehmen in ihre Herzen, sie im Herzen bewegen und danach nun ihren Lebenswandel einrichten. Ich will nur, dass sie nicht verlorengehen wieder für ewige Zeiten. Und diese große Gefahr besteht, denn nur wenige Menschen haben einen lebendigen Glauben an Mich, der sie schützt vor dem Untergang, wenn die Stunde des Endes gekommen ist.

Darum wendet Meine Liebe euch Menschen diese letzte Gnadengabe zu, wenngleich ihr sie nicht verdient; und ihr braucht nur euch nicht zu wehren, wenn euch Meine Diener Mein Wort übermitteln wollen. Hört sie an und denkt ohne innerlichen

Widerstand darüber nach, was Ich zu euch rede. Ihr könnt dann auch einen Glauben gewinnen an euren Gott und Schöpfer, der dann kein Blindglaube ist, und ihr werdet auch bald Meine Liebe zu euch spüren, denn es werden sich euch Gedanken aufdrängen, die ihr nicht verwerft, weil ihr spürt, dass sie Wahrheit sind.

Gebet nur euren inneren Widerstand auf, und ihr seid gerettet für Zeit und Ewigkeit. Hört Mich an und die Kraft Meines Wortes wird sich an euch auswirken, weil es göttliche Liebekraft ist, die euch mit Meinem Wort anstrahlt. Es sind keine leeren Menschenworte, die ihr vernehmt, wenn Meine Boten euch Meine Gnadengaben überbringen, denn Menschenworte sind leicht zu verwerfen, Gottes Worte aber üben einen Einfluss aus, vorausgesetzt, dass sich der Wille des Menschen nicht wehrt gegen diesen Einfluss.

Darum verlange Ich nichts weiter von euch, als dass ihr Mich anhört, wenn Ich Selbst zu euch komme im Wort, das euch Meine Boten überbringen. Ich verlange nichts weiter von euch, als dass ihr euch nicht unwillig abwendet, sondern nur einmal nachdenkt darüber; und Ich werde euch wahrlich helfen, die Wahrheit Meines Wortes zu erkennen, es wird sich euer Herz angesprochen fühlen, und euer Denken wird sich langsam Mir zuwenden, es wird euer Widerstand schwächer werden, und die Kraft Meines Wortes beginnt an euch zu wirken.

Gebet nur euren Widerstand auf, und wahrlich, Ich Selbst werde Mich eines jeden einzelnen annehmen und ihm Worte der Liebe und Gnade, Worte des Zuspruchs und des Trostes, Worte der Weisheit zugehen lassen, wie er sie benötigt für seine Seele, auf dass sie Mich Selbst erkenne in den Worten, die Meine Boten ihnen bringen.

Denn wahrlich, Ich sage euch: Es ist die Zeit des Endes, und Meine Liebe und Erbarmung wendet sich euch immer wieder von neuem zu und will euch behüten vor dem Lose einer Neubannung, wenn das Ende gekommen ist. Darum schütte Ich Meine Gnadengaben noch aus in reichstem Maße, und wessen Herz nicht ganz verhärtet ist, den suche Ich noch zu gewinnen für Mich und Mein Reich. Ihm suche Ich Mich als liebevollster Gott und Vater von Ewigkeit zu offenbaren, und er wird wahrlich von dem Strahl Meiner Liebe getroffen werden. Er wird Mein Wort zu erkennen vermögen als Stimme des Vaters, Der Seinem Kind helfen will, Der es bewahren will vor dem Abgrund, Der es noch retten will, bevor das Ende gekommen ist.

Amen.

BD Nr. 7908 vom 03.06.1961, enthalten in Buch 82

Anruf Gottes um Hilfe unerlässlich in der Endzeit

Fortan werdet ihr genötigt sein, Meine Hilfe stets und ständig zu erbitten, wollt ihr nicht unterliegen im Lebenskampf, in irdischer sowie geistiger Not. Ihr könnt zwar auch aus diesem hervorgehen als Sieger, ohne Mich um Hilfe anzurufen, doch dann seid ihr schon in der Gewalt Meines Gegners, der euch Kraft gibt zum Überwinden, der jedoch als Entgelt dafür eure Seelen mit Beschlag belegt. Durch diese Kraft gefestigt zu sein in kommender Zeit ist euer größtes Unheil, denn ihr verliert euch dadurch auf ewige Zeiten in das Reich der Finsternis (= Gottesferne, HH), ihr tauscht für diese kurze Zeit der Kraft eine Ewigkeit in Kraftlosigkeit ein, wo ihr überaus hart büßen müsst eure Versäumnis, nicht Mich um Hilfe angegangen zu haben.

Die kommende Zeit ist nur mit Meiner Unterstützung, mit Meiner Kraftzuleitung zu ertragen und (somit = d. Hg.) ohne Gefahr für die Seelen. Und dennoch bleibt es euch selbst überlassen, ob ihr Mich anrufen wollt. Die große Not müsste euch dazu veranlassen, doch Ich Selbst zwinge euch nicht, suche euch nur durch die Not dazu zu bewegen, euch mit Mir in Verbindung zu setzen, weil anders Ich euch die Kraft nicht übermitteln kann.

Schwer und leidvoll wird das Leben sein für jeden einzelnen, der Mich nicht in seinem Herzen trägt (siehe z.B. die zunehmenden Depressionen der Menschen, HH), doch Erleichterung wird jedem von euch werden, so ihr euch an Mich wendet um Hilfe. Denn Meine Liebe hilft euch tragen, sie hilft dem einzelnen, der gläubig auf Mich vertraut, weil das große Leid die Menschheit berühren muss um ihrer selbst willen, als letztes Mittel, sie zu gewinnen für Mich und Mein Reich. Ich will ihre Herzen aufnahmefähig machen für Mein Wort, und dies soll die große Not noch zuwege bringen, dass sie hungern nach einem Wort des Trostes, der Aufklärung für ihre Not und dass sie dann Mein Wort ernstlich im Herzen erwägen und Mich zu erkennen vermögen, so sie guten Willens sind.

Denn es sind viele irregeleitete Seelen, die den rechten Weg verfehlt haben, die auf ihn wieder zurückgeleitet werden sollen durch Mein Wort, das ihnen die Wahrheit offenbart in aller Fülle (siehe hierzu „Die Neuoffenbarung“ im letzten Kapitel, HH).

Die Not wird zwar auch viele Herzen verschließen Meinem Wort, und zwangsweise können sie nicht geöffnet werden, doch wohl dem, der sie erträgt, ohne Meinen Gegner um Hilfe anzugehen in

Form von Lieblosigkeiten, begangen am Nächsten, und schlechtem Denken und Reden, denn diesem steht er bei augenscheinlich und er verschafft ihm Erleichterungen aller Art, um ihn gänzlich zu gewinnen. Sucht euch nicht durch erneute Lieblosigkeiten euer irdisches Leben zu verbessern, tragt geduldig und ergeben euer Schicksal, und kommt zu Mir, Ich stehe euch immer bei, so ihr nur Meine Hilfe erbittet, so ihr nur den Weg zu Mir findet und euch demütig vor Mir beugt und euch Meiner Gnade empfehlt. Nie lasse Ich einen ernstlich Bittenden ohne Hilfe von Mir gehen, und dieses Vertrauen müsst ihr alle gewinnen, soll die große Not für euch erträglich vorübergehen.

Meiner liebenden Fürsorge könnt ihr jederzeit gewiss sein, so ihr euch Mir Selbst übergebt, so ihr Mich anerkennt, so ihr also Mich nicht aus euren Gedanken verbannt. Wer aber dies versäumt, ist in schwerster seelischer Bedrängnis, aus der ihm nur sein eigener Wille helfen kann. Denn die Zeit drängt, und sie wird immer erkennbarer werden als Endzeit, denn der Satan wirkt augenscheinlich, er treibt die Menschen zu Taten krassester Lieblosigkeit, die sich stets in irdischer Not und Drangsal auswirken, und er vergiftet das Denken der Menschen, wo ihm kein Widerstand entgegengesetzt wird durch Mir zugewandten Willen.

Es sollen die Menschen auf der Hut sein, denn es gilt die letzte Erdenlebensprobe zu bestehen; sie sollen ein achtsames Auge haben auf die Erscheinungen der Zeit, auf die Handlungsweise der Menschen, die sichtlich von unten regiert werden, und auch auf das Wirken von oben, sie sollen achten der Verkünder Meines Wortes, die ihnen voll und ganz Aufklärung zu geben imstande sind über Sinn und Zweck der letzten großen Not und über den ewigen Heilsplan, der seinen Verlauf nehmen muss, wie es bestimmt ist und wie Meine Weisheit es als zweckvoll erkannt hat seit Ewigkeit. Sie sollen ihrer Warnungen und Mahnungen achten, und es wird die schwere Zeit erträglich vorübergehen an einem jeden, der guten Willens ist und Mich anruft in der Not. Amen.

BD Nr. 3703 vom 03.03.1946, enthalten in Buch 47

Ermahnungen für die Kinder Gottes in der Endzeit

Bibeltext: Evangelium Markus, Kap.13; Prophet Daniel, Kap. 9

Mein Friede sei mit euch!

Meine Kinder, Euer Herz fürchte sich nicht und erschrecke nicht über das, was vor euch liegt. O nein, ihr sollt euch freuen auf die Stunde Meiner Wiederkunft, dass Ich euch zu Mir ziehe. Ihr sollt euch freuen, denn die Erwartung Meiner Wiederkunft wird euer Leben umwandeln. Es darf euch niemals nur ein Spiel geistiger Wissbegierde sein. Ihr dürft euch freuen: Ich komme bald. Es wird sich zuvor noch Schreckliches auf der Erde ereignen, aber dann sollt ihr eure Blicke zu Mir wenden und wissen, dass Ich euch bewahre. Meine Wiederkunft ist dann eure allergrößte Freude in der Trübsal.

Habt ihr Mich lieb, dann seid ihr bereit, Mich jederzeit zu umfangen und eurer Herz wird sich nicht vor Mir fürchten. Fürchtet sich denn eine

Braut, wenn der Bräutigam da ist? O nein, sie freut sich, weil sie genau weiß: Nun ist alles Leid zu Ende, die Liebe hat gesiegt.

Die Stunde kommt, da ihr Mich von Angesicht schauen dürft und ihr Seligkeiten an Meinem Vaterherzen empfindet. Mit Riesenschritten naht die Zeit des Antichristen. Ihr seht bereits wie sich am Horizont der Schatten des Antichristen mit all seinem Zauber abbildet. Daran dürft ihr erkennen, dass es bald soweit ist.

(Anmerkung: Diese Kundgabe ist bereits über ein halbes Jahrhundert alt, die Zeit des Antichristen ist nun da! Es ist dieser keine Person, sondern der [Zeit]Geist eines überbordenden, ausschweifenden und Gott vergessenden Weltlebens. HH)

Bräutliche Liebe ersehne Ich Mir von euch. Lasst euch von Mir reinigen und heiligen, damit ihr der starken, fast unwiderstehlichen Verführungskunst des Antichristen nicht unterliegt. Jetzt müsst ihr euch umwandeln lassen. Seid ihr aber nicht vorbereitet und von Meinem Heiligen Geist nicht erfüllt, dann wird der Antichrist auch über euch eine große

Macht entfalten.

Bittet Mich, dass Ich euch helfe, wirklich frei zu sein von den materiellen Dingen. Ich sage euch: Sorgt euch nicht! Denn wer noch an irdischen Besitz gebunden ist, kann Meine Stimme nicht in sich hören und fällt den betörenden Versprechungen des Antichristen (der Materialisten, HH) anheim.

Wer sich nicht heute schon von Meiner Liebe und Weisheit segnen lässt, wird vom Antichristen überlistet und betört. Denn er wird über alle Menschen herrschen und Meine Kinder verfolgen. Die Menschheit ist ja bereits mitten im Abfall begriffen, die Gesamtheit wendet sich immer mehr von Mir ab. Deshalb ist es dem Antichristen ein leichtes, sie zu verführen.

Heute wird in Kirchen und Gemeinschaften von Meiner Wiederkunft gesprochen wie nie zuvor. Alle sollen über die Endzeit belehrt werden. Das ist Mein heiliger Wille. Als Ich Meinen Propheten Daniel zukünftige Ereignisse schauen ließ und ihm eine Weissagung gab, sagte Ich zu ihm: „Verbirg diese Worte und versiegele die Schrift bis auf die letzte

Zeit!“ Heute nun ist es soweit, dass Ich es Meinen Getreuen, die Mein Wort verkünden, ins Herz lege, über Meine baldige Wiederkunft zu sprechen. Kein Mensch soll sich einmal entschuldigen können, er habe nichts davon erfahren. Mein Wort soll die schläfrigen Christen wieder aufrütteln.

Ich kann euch nur immer wieder ermahnen: Strebt nicht nach materiellen Dingen! Trachtet nach dem geistigen Leben, nach dem Himmel in euch. Versenkt euch in euer Inwendigstes, wo Ich BIN. Dann kann euch der Böse wenig schaden. Wenn auch der Satan vor eurer Herzenstür lauert, um euch zu verlocken und in die Sünde hineinzuwerfen. Euer Glaube ist der Sieg und Ich, euer JESUS, bin euer Schutz.

Ich, Gottvater, Jehova, wusste es wohl, dass ihr euch aus eigener Kraft nicht zu Mir erheben könnt, deshalb nahm Ich Fleisch an und neigte Mich zu euch in die Tiefe herab. So liebte Ich euch Menschen, dass Ich Mich in die Materie begab, um euch zu helfen und ihr durch Mich ewiges Leben in Mir erlangt. Ich, euer Gott, erlitt euretwegen

Schmerzen um mit eurer Schuld fertig zu werden und den Abgrund zwischen Mir und euch zu überbrücken. Ich erduldete die schwersten Versuchungen und Martern in Gethsemane und auf Golgatha bis Ich ausrufen konnte: Es ist vollbracht! Durch diese Versuchung und Seelenqualen, die Meine Jesusseele auf sich nahm, drängte es Mich näher zu Meinem Vater in Himmel, - der EWIGEN LIEBE - und als Ich zuletzt überwunden und den Sieg errungen hatte, war der Menschensohn JESUS mit dem VATER vereint.

Auch ihr, Meine Söhne und Töchter, geht den Überwinderweg durch Versuchungen und Leid. Auch ihr seid manchmal verzagt und sprecht: „Mein Gott, warum hast Du mich verlassen?“ Ihr meint, das ganze Leid und die Erdenschwere allein tragen zu müssen. Aber es scheint nur so. Ich bin gerade dann unmittelbar in eurem Innersten gegenwärtig und unterstütze euch. Ich führe euch hindurch zum Sieg. Ihr fragt jetzt: Warum diese Versuchungen? Damit ihr zu Überwindern werdet mit Meiner Hilfe.

Ich war als Menschensohn allein, ihr seid nicht

allein. Ihr dürft Mich und Meinen Sieg auf Golgatha in Anspruch nehmen. In dem schweren Leid, das euch fast zu Boden drückt, rufe Ich euch zu: „Komm, liebe Seele, Ich möchte Mich mit dir auf ewig vereinen!“ Es ist schwer für euch in den Prüfungen und Versuchungen zu erkennen, warum Ich euch scheinbar allein lasse. Ihr schaut noch nicht hindurch und meint, nun ist es zu Ende mit eurem Glauben. Doch dann erst zeige Ich Mich, als euer barmherziger Gott und lieber Vater.

Wenn ihr beharrt auf Meinen Verheißungen, wenn ihr geduldig seid im Leiden, kommt jene stille Freude in euer Herz, von der Ich euch sagte und die viele Meiner Getreuen erlebt haben. Bedenkt: Jetzt, in den Drangsalen der Endzeit will Ich euch vollenden. In demütig-froher Zuversicht sehen die Überwinder Meiner Wiederkunft entgegen. Das erste Ziel ist die Überwindung eures Ichs. Das zweite, allerhöchste Ziel ist die Vereinigung mit Mir dem Vater, der Ewigen Liebe. Kann da euer Herz noch traurig sein?

Und wenn ihr alles verlassen müsst: die Heimat

und ihr wieder neu anfangt und dann wieder alles aufgeben müsst, weil ihr verfolgt werdet; ihr könnt nicht mehr traurig sein, wenn ihr euch mit Mir, dem Vater, verbunden habt. Ihr steht über der Materie, ihr seid selig-erlöst in Mir. Wer sich auf dem Heimweg ins himmlische Vaterhaus befindet, kennt der noch Sorge und Traurigkeit? Hat er noch Lust sich an den Trebern dieser Welt zu sättigen? Die Liebe zu Mir dem Vater, das Heimweh nach dem Vaterhaus, das euch erfüllt, ist das Maßgebende.

Daraus kommt erst der heilsame und heimwärts drängende Ekel vor der Welt. Hier habt ihr keine bleibende Heimat. Hier erlebt ihr nur die Verdorbenheit, die Verlassenheit der Fremde. Das Heimweh nach Mir lege Ich in euer Herz, und eure Liebe zu Mir findet nach Hause. Nicht, weil euch die Fremde anekelt, sollt ihr heimkehren, sondern weil ihr euch der himmlischen Heimat bewusst seid, ekelt euch die Fremde an. Meine Liebe in euch bewirkt, dass ihr nicht mehr sündigt. Buße und Ekel vor der Sünde können euch noch nicht allein davon abhalten. Da werdet ihr immer wieder in die Sünde fallen. Was euch aber frei macht von der Sünde ist die Sehnsucht nach Mir, dem Vater und Meine erbarmende Liebe zu euch.

Mein Leben in euch, Mein Blut in euch, Meine Liebe in euch, macht euch frei von euren Gebundenheiten. Das sollt ihr erkennen. Dann verschwindet jede Lust zur Sünde. Dann ist euer Blick auf die ewige Heimat gerichtet, auf das Reich, das Ich euch gebe, das geistige, himmlische Reich in euch. Dann seid ihr frei.

Meine Liebe zu euch ist unaussprechlich groß. Meine Liebe reinigt und heiligt euch und erfüllt euch mit seliger Freude. Um Meinetwillen könnt ihr alle Menschen lieben und ertragen, denn Meine Kraft der Liebe, der Güte, ist in euch, sie bewahrt euch, dass ihr die Liebe nicht verletzt. Durch tätige Liebe kommt ihr zur Entfaltung der geistigen Schwingungen, die euren Körper umwandeln in den Geistleib, den Auferstehungsleib, mit dem ihr entrückt werdet.

Es ist so einfach: Tut das Gute der Liebe. Verrichtet Taten der Nächstenliebe.

Die Kirchen bringen jetzt Mein Gotteswort in neuzeitlicher Sprache. Der kraftvolle Text, den Ich Meinem Auserwählten Luther gegeben habe, wird einer leichter verständlichen Ausdrucksweise geopfert. Die Zehn Gebote und die zwei Liebegebote bedürfen keiner neuen Formulierung. Was hilft es, wenn die Theologen Mein Wort verändert bringen und die Menschen dadurch nicht mehr über Mein verhülltes Wort nachdenken müssen? Durch Veränderungen wird Mein Wort verflacht. Würden die Christen Mich um Meinen Heiligen Geist bitten, der ihnen Mein Wort erklärt und Mein Wort befolgen, dann wäre ihnen geholfen. Aber sie rechnen nicht mehr mit Meinem Heiligen Geist, sie rechnen nur noch mit ihrem Weltverstand, der sie irre führt.

Das sind die Einflüsse des Antichristen. Er will, dass alles verflacht und Mein Wort den Menschen so gegeben wird, dass sie Mich nicht mehr um Erleuchtung des Heiligen Geistes bitten müssen. Der Antichrist ist überall am Werk. Auch Meine Neuoffenbarungen, die Ich durch Meinen Heiligen Geist gegeben habe, sollen nicht verändert werden.

Durch Meinen Apostel Johannes ließ Ich in der Offenbarung die Warnung aussprechen: „Wehe dem, der ein Wort hinzufügt oder eins davon abstreicht!" Meine Worte sind solange noch verhüllt, bis die Menschen Meinen Willen tun und die Liebe in Taten leben. Dann erst wird die äußere Hülle fallen, das natürliche Denken aufhören und Mein Heiliger Geist die Menschen erleuchten, dass sie das Geistige und das Göttliche in Meinem Wort erkennen und auch verstehen.

Unendlich ist eure Beglückung, wenn ihr Mich um dieses innere Licht bittet und in eurem Inwendigsten daheim seid, gemäß eurer Liebe zu Mir und zum Nächsten. Wer noch klagt über die schweren Versuchungen, wer nicht erkennt warum die Menschen Verluste erleiden müssen, warum Unglücke geschehen, wozu Trübsale und Ungerechtigkeiten dienen müssen, der ist noch nicht zu Mir in sein inneres, geistiges Leben eingedrungen. Denn wer Mein Wort in sich geistig erlebt, ist ohne Furcht und Angst. Er trauert nicht materiellen Verlusten nach, er weiß, dass Ich es ihm tausendfach wiedergebe, nicht nur geistig, auch materiell, so er sich zu Mir wendet.

Ich will euch reichlich geben, aber einmal müsst ihr durch die Prüfung hindurch, wie Ich als Menschensohn JESUS euch ein Vorbild und Beispiel gegeben habe. Noch einmal sage Ich euch: Ihr seid niemals allein! Ich bin immer bei euch! Ihr reift jetzt heran für den letzten Weg zur Vollendung. Wenn der Antichrist herrscht, seid ihr dann nicht schwankend, weil ihr Mich, euren JESUS in Herzen tragt. Ihr sagt dann nicht: „Ich kann nicht gegen den Strom schwimmen, ich muss sehen, dass ich mein Brot habe." Ihr fragt dann nicht: „Ist es vielleicht doch der Herr?" Nein, Mein Heiliger Geist lässt euch den Antichristen erkennen.

Ihr wisst dann in eurem Herzen, dass ihr euer tägliches Brot von Mir bekommt und dass Ich euch mit einem Stückchen Brot und einem Schluck Wasser vollkommen sättige. Ihr wisst auch, dass Ich euch bewahre, wenn ihr die materiellen Dinge überwunden habt. Darum macht euch jetzt innerlich frei davon. Der Antichrist kommt mit Riesenschritten näher. Ihr werdet ihn anheimfallen, wenn ihr die Materie nicht überwunden habt. Nehmt die Drangsale jetzt auf euch und seid Mir gehorsam. Sagt nicht: Wir haben noch lange Zeit. Vereint euch jetzt schon mit Mir. Ich habe deshalb die Stunde Meiner Wiederkunft nicht offenbart, damit die Meinen nicht lau werden. Ihr sollt euch von Mir durchheiligen lassen und allezeit bereit sein, an der Entrückung teilzunehmen.

Darin besteht die Freude der Überwinder, dass sie Mich heute schon mit offenen, sehnsuchtsvollen Herzen erwarten. Sie sind über die Materie Herr geworden und ruhen in Mir. Bleibt liebend beieinander, ertragt euch und helft einander. Ich führe euch zu Menschen, denen ihr die Liebe schenken sollt und damit Mein Wort bringen dürft. Richtet nicht über Mitmenschen, auch nicht über die, welche Mein Wort verkünden. Überlasst das Richten Mir. Strebt immer nach liebender Vereinigung. Wenn ihr in der Liebe bleibt, kann Ich euch bewahren. Ihr dürft nicht meinen, ihr wäret unbedingt bewahrt, weil Ich hier zu euch spreche. Ihr seid bewahrt, wenn ihr die Liebe walten lasst.

Ich habe euch zuvor geliebt und ziehe euch auf verschiedene Weise zu Mir: Durch Verluste. Dadurch, dass Ich Krankheiten zulasse oder, dass ihr von anderen um Meines Namens willen angegriffen werdet und um eures Glaubens willen verspottet werdet. Dies sind alles Lockungen Meines Vaterherzens, um euch mit Mir zu vereinen. Seid getrost und freut euch. Freut euch: Ich komme bald. Ich hole euch selbst zu Mir. Je feuriger eure Liebe zu Mir ist, umso mehr kann Ich euch einführen in Meine göttliche Liebe und Weisheit, umso mehr seid ihr von Mir gesegnet. Meine Liebe zu euch ist unbegrenzt. Ich möchte von Meinen Kindern unbegrenzt wieder geliebt werden.

Niemand kann euch aus Meiner Hand reißen. Meine Liebe hält euch mit starker Hand. Wenn der Antichrist persönlich kommt seid ihr gewappnet durch Mich. Ihr bekennt dann freudig Meinen Namen, denn ihr wisst, dass nur euer Leib getötet werden kann, aber nicht eure Seele und euer Geist. Ich will sogar euren Leib bewahren. Ich weiß, wie viel ein jedes von euch an Leid ertragen kann und demgemäß sind Meine Führungen mit euch. Frohlockt in eurem Herzen, die ihr durch viel Leid gegangen seid, die ihr viel Irdisches verloren habt. Ich hole euch heim und vereinige euch mit Mir, der EWIGEN LIEBE.

Amen.

J.H. Nr. 118, 2. 11. 1963, Stuttgart

Theokratie und Königtum. Endzeit und Gericht

Auszug aus dem Großen Evangelium Johannes der Neuoffenbarung (Ausführliche Einführung in die NO siehe zweites Kapitel)

01] Sagte Ich (Jesus): »Denke nach, was Ich darüber schon gesagt habe; vor allem aber sind der

Hochmut, die Trägheit, die Selbstliebe und die daraus erwachsene Herrschsucht die Ursachen solch eines Verfalles der Menschen.

02] Schon zu den Zeiten Samuels sind die Menschen träger und arbeitsscheuer geworden. Sie fingen an, sich vor gewissen Arbeiten zu schämen und ließen solche nur von gewissen gedungenen Knechten und Mägden verrichten. Die reichen Besitzer legten ihre Hände in den Schoß und ließen die anderen für sich arbeiten. Wer für sie am meisten gearbeitet hatte, der bekam auch den besseren Lohn, was denn auch recht war; aber bei dieser Gelegenheit haben sich nach und nach aus den Besitzern eine Art kleiner Herrscher gebildet, die durchaus keine noch so kleine knechtliche Arbeit in ihre Hände nehmen wollten, sondern sie befahlen nur den Knechten und Dienstmägden eine Arbeit, selbst rührten sie diese aber auch nicht mit einem Finger an.

03] Wie die Eltern waren, so wurden auch ihre Kinder, nämlich träge, selbst- und herrschsüchtig. Sie lernten befehlen über die Dienenden, aber ihre zarten Hände wollten sie nimmerdar besudeln mit einer knechtlichen, gemeinen Arbeit. Diese Unart wuchs bei den Menschen von Jahr zu Jahr und erreichte nur zu bald jene Stufe, auf der der ohnehin schon so wohlgenährte Hochmut keine hinreichende Sättigung mehr fand. Er, der Jude, blickte wehmütig auf den Glanz und auf die großen und hohen Würdenträger der heidnischen Völker, und unter einem Könige sah er eine der allerhöchsten Menschenehren und höchsten Würden. Kurz er wollte auch einen weltlichen König haben und war nicht mehr zufrieden mit der reinsten Herrschaft Gottes durch Seher und Richter!

04] Als das Volk, gegen alle guten Ermahnungen der Seher sich sträubend, von Samuel dennoch einen König verlangte, da trug der fromme Diener Gott das Begehren des törichten Volkes vor, da er aus sich nicht wußte, was er tun sollte.

05] Da sprach Jehova zu ihm: "Sieh, zu allen Sünden, die dieses Volk schon vor Meinem Angesichte begangen hat, begeht es nun auch diese größte: daß es einen König verlangt! Gehe hin und salbe den größten Mann aus dem Volke! Dieser wird es züchtigen für seinen an Mir begangenen Frevel."

06] Siehe, das sind, ganz kurz zusammengedrängt, die Worte Jehovas auf das arge Begehren des Volkes! Die Folgen des dadurch stets mehr und mehr genährten Hochmuts des Volkes kannst du zum Teile lesen in dem Buche der Könige und in der Chronik, allwo in Kürze die schönen Geschichten aufgezeichnet sind, - zum größten Teile aber hast du sie nun eben vor deinen Augen.

07] Freund, nur in der wahren Demut liegt der Weg zum inneren Leben der Seele! Wer aber besitzt nun diese? Siehe, nicht einmal ein Diener seines Herrn; denn er bemißt sich den Dienern der andern Herren gegenüber nach der Ehre und nach dem Ansehen seines Herrn! Ist diese irgend um einen Grad höher denn die eines andern Dieners Herrn, so wird des geringern Herrn Diener schon gleich mit Verachtung angesehen, und es werden zwischen beiden wenig Worte gewechselt.

08] Ich sage es dir: Solange nicht die wahre, reine Liebe und die ihr entsprechende Demut die Völker ordnen und leiten wird, so lange auch wird es im allgemeinen finster sein auf der Erde. Daß es immer einzelne geben wird, die im Lichte sein werden, das ist sicher und gewiß, aber deren wird es stets nur wenige geben. Denn solange es weltgroße und über alle Maßen stolze und ruhmsüchtige Herrscher in der Welt geben wird, so lange auch wird in allen Schichten der Menschheit der Same des Hochmuts und der Mitherrschgier fortwuchern, und es werden Nacht, Finsternis, Selbstsucht, Neid, Geiz, Verfolgung und Verrat als die wahren Elemente der Hölle vom Boden der Erde nicht weichen bis zu einer Zeit des großen Gerichts, in der Ich die Erde von neuem durchs Feuer reinigen werde. Nach solcher Zeit wird kein König mehr herrschen über ein Volk der Erde, sondern allein das Licht Gottes. Im Fleische werdet ihr jene Zeit nicht erleben, wohl aber hell und überklar im Geiste in Meinem Reiche.«

09] Sagte der Wirt: »Herr, wann nach der Anzahl der Jahre wird jene glückliche Zeit kommen?«

10] Sagte Ich: »Darum weiß allein der Vater, und

nach Ihm weiß es nur der, dem es der Vater wird offenbaren wollen. Mir hat es bis jetzt Mein Vater noch nicht geoffenbart, außer das, daß solches geschehen wird. Das aber könnet ihr alle als völlig wahr annehmen, daß nämlich nahe alle zweitausend Jahre auf der Erde eine große Veränderung vor sich geht. Und so wird es auch, von jetzt an gerechnet, werden. - Doch nun von dem nichts mehr weiter!«

11] Sagte der Wirt: »Herr, wenn es Dir genehm wäre, so dürfte nun das Morgenmahl wohl schon ganz bereitet sein!«

12] Sagte Ich: »Nun, so gehen wir denn hin und nehmen es ein!«

13] Darauf gingen wir heim, allwo das Morgenmahl schon unser harrte. Die zurückgebliebenen Jünger fragten uns, wo wir denn gewesen wären, daß sie uns nicht hätten finden können.

14] Ich aber sagte: »Wir waren gerade dort, wo wir waren, und ihr suchtet uns aber dort, wo wir nicht waren, und darin liegt der ganz einfache Grund, demzufolge ihr uns nicht gefunden habt. Nun aber essen und trinken wir!«

15] Es ward darauf das Morgenmahl eingenommen, und während des Essens bemerkte ein Judgrieche, daß Meine Antwort auf ihre Frage denn doch etwas sonderbar geklungen hätte, und sie wüßten nicht, wie sie dieselbe deuten sollten.

16] Da sagte Ich zu ihnen: »Gerade also, wie Ich sie euch gegeben habe! Wenn ihr tiefer darüber nachdenken wollet, so werdet ihr auch eine große geistige Wahrheit darin finden.«

17] Sagten die Jünger: »Das wird etwas schwer sein; denn das scheint nichts als eine ganz gute Wortstrafe für unser vorwitziges Fragen zu sein!«

18] Sagte Ich: »Oh, mitnichten! Ich will es euch aber sagen, was darin liegt, und was Ich damit habe sagen wollen. Und so höret Mich denn an!

19] Wahrlich, die Mich nicht dort suchen, wo Ich bin, die finden Mich nicht und werden Mich auch nicht finden. Es werden Mich mit der Zeit noch gar viele suchen und nicht finden! Es werden Zeiten kommen, in denen gar viele falsche Propheten und Messiasse aufstehen und zu euch sagen werden: "Siehe, hier ist der Gesalbte!" oder "Dort ist er!"

Aber all denen glaubet es nicht, denn wo sie angeben werden, daß Ich zu finden sei, da werde Ich gerade am allerwenigsten und schon eigentlich gar nicht und nimmer zu finden sein. Wer Mich suchen wird in irgend etwas, das nur im geringsten nach einer Welttümlichkeit riecht, der wird Mich nicht finden, sondern nur der, welcher Mich in der wahren Liebe, Demut und Selbstverleugnung suchen wird, der wird Mich auch sicher allzeit und allenthalben finden.

20] Ihr aber seid darum ein wenig ärgerlichen Gemütes hinausgegangen, Mich zu suchen, dieweil Ich euch zuvor nicht angezeigt habe, wohin Ich Mich heute morgen vor dem Mahle begehen werde. Und sehet, das war fürs erste nicht der rechte Ort, geistig in eurem Gemüte Mich zu suchen daselbst, und es konnte darum fürs zweite auch der rechte Ort äußerlich nicht gefunden werden, allwo Ich Mich befand!

21] Es hat aber das nun keinen Bezug auf euch gegen Mich, sondern Ich zeigte euch das nur in einem Bilde, wie die Sache dereinst werden wird.

Daher soll, Mir gleich, denn auch ein jeder rechte Lehrer bei jeder Gelegenheit seine Worte also stellen, auch bei den geringfügigigsten Sachen, daß sie als eine Grundlage zu einer neuen, wichtigen Lehre dienen mögen. Denn wahrlich sage Ich euch: Im Reiche der Geister, die da rein sind vor Gott, werdet ihr auch für jedes eitel leere Wort Rechnung legen müssen und vor dem reinen Lichte der Wahrheit aus Gott zuschanden werden!«

22] Diese Worte mundeten den Jüngern gerade nicht sehr angenehm; aber sie zeichneten solche dennoch ganz tief in ihr Gemüt.

Das Große Evangelium Johannes - Band 6 / 76. Kapitel

Wunderbare Errettung der Kinder Gottes in der Endzeit

Seid fröhlich in eurem Herzen. Öffnet euch den Belehrungen Meines Heiligen Geistes. Es ist Mein

Wille, dass ihr Meine Liebe weiterschenkt. Wie ein Brunnen frisches Wasser spendet, so sollt ihr in der Wüste allgemeiner Trostlosigkeit und Verbitterung Wasser des Friedens und der Freude, Wasser der Kraft spenden. Ihr seid doch Meine Kinder, die Ich herangebildet habe.

Nutzt die kurze Erdenzeit zum Liebe-Schenken. Liebt, wo ihr lieben könnt. Seid barmherzig, wie Ich barmherzig bin. Liebt, wie Ich euch liebe. Weil euch Meine Barmherzigkeit widerfahren ist, sollt ihr nicht müde werden, Barmherzigkeit zu üben.

Kommt zu Mir mit eurem Leid. Ich lasse ja nur deshalb so viel Weh über euch kommen, damit ihr nicht lau und müde werdet, sondern eure Hände im Gebet zu Mir erhebt und Mich in euer Herz aufnehmt, der Ich immer wieder anklopfe an eure Herzenstür.

Die Not, die euch zur Verzweiflung, zum Unglauben und zur Angst bringen möchte, könnt ihr umwandeln in Frieden, Freude, Geborgensein in Mir, wenn ihr Kraft aus Mir anwendet, um Mir zu glauben und zu vertrauen.

Es gibt nur eine Kraft im All: Die Kraft aus Mir, eurem Gott und Vater. Es liegt nur an euch, was ihr aus dieser Kraft macht.

Geht doch aus Liebe zu Mir gern den schmalen, dornigen Weg. Ich lasse über das Weh eurer Seele Himmelsluft wehen! Himmelsluft! Meine Kinder, welche Leid tragen, werden mit Himmelsluft gestärkt. Ihr werdet im Geist von dieser vergänglichen Welt hinweggehoben, ihr dürft Mein Reich in euch erleben (was die „Entrückung“ ist, HH).

Wenn ihr auf Erden finstere Täler durchwandern müsst, halten Meine Engel Wache, dass der Böse euch nicht schaden kann. Da umweht euch Himmelsluft. Ihr hört Mein Wort und befolgt es auch. Mein Heiliger Geist gibt euch Antwort auf eure Fragen.

Wer mit Mir leidet, wer gehorsam den schmalen, dornigen Weg geht, der darf auch an Meiner Herrlichkeit teilhaben. Was ist denn Meine Herrlichkeit? Sie ist Friede, Freude und Kraft im Heiligen Geist. Das gebe Ich euch.

Denn bevor eure Sünde euch zugrunde richtet,

bin Ich, der Sündenheiland, mit Meiner Hilfe und mit Meinem Frieden da. Bevor Angst und Not euch überfällt, komme Ich mit Meiner Kraft und mit Meinem Trost zu euch.

Das Ohr eures Vaters lauscht auf euren Hilferuf, es erhört euer Flehen und Seufzen. Und Ich gebe euch, bevor ihr Mich bittet, was ihr braucht, Mein Ohr hört auch eure unsinnigen Wünsche, Mein Vaterherz versteht auch eure dummen, unreifen Worte, euer kindliches Stammeln. Ich gebe euch stets, was euch Not tut.

Ihr sollt Geduld lernen, ihr sollt Barmherzigkeit üben. Ich weiß genau, was euch noch fehlt. Ich kenne euch besser, als ihr euch selbst erkennt. Meine Vaterhände segnen euch, wenn die Tränen aus euren Augen fließen und das Leid übermächtig in euch wird. Meine Liebe zu euch stärkt euren Glauben, euer Vertrauen eure Zuversicht und Hoffnung.

Dies alles sollt und dürft ihr in euch glauben, bevor die letzten Gerichte über die Erde kommen, bevor die Zornschalen und Trübsale ausgeschüttet werden über den ganzen Erdkreis.

Vor euch liegt die Zeit, da der Antichrist persönlich auftritt. Und wiederum sind es Meine Engel, die durch die Lande gehen, um Gerechte und Ungerechte, Gläubige und Ungläubige ernsthaft im Herzen zu warnen vor der Verführung des Antichristen, dass sie nicht seiner List zum Opfer fallen und ihn anbeten.

Meine Engel warnen jedermann. Kein Mensch kann sich damit entschuldigen, er habe nichts gewusst. Die Meinen, die Mich lieben und Mein Wort halten, habe Ich belehrt durch die Heilige Schrift und belehre sie immer noch durch Meinen Heiligen Geist.

Meine Söhne und Töchter stärke Ich Selbst, aus Liebe zu Mir leiden sie, ohne zu klagen. Ich selbst stärke euch, dass ihr bereit seid Meinen Namen zu bekennen, die Wahrheit zu sagen, auch dann, wenn es gefährlich oder dumm erscheint, aber Mein Wort es euch gebietet. Ich bin die Kraft und der Bekennermut in euch.

Versteht es, Meine Söhne und Töchter: Ihr erlebt jetzt Leid, damit ihr stark werdet, damit ihr Mir unbedingt vertrauen lernt und Den erkennt, Der in euch ist, Der zu Seinem Worte steht: Mich, euren JESUS CHRISTUS.

Noch halte Ich die Gerichte zurück, um allen Menschen die Möglichkeit zur Rettung zu geben. Ich kenne die Seelen und weiß um die Zahl derer, die das Heil annehmen werden und Ich schließe die Gnadenpforte nicht eher, bevor Ich sie nicht alle geborgen habe. Deshalb warte Ich und gebe noch Gnadenzeit.

Aber wie Ich einst auf der Hochzeit zu Kana zu Meiner Leibesmutter Maria sagte: „Meine Stunde ist noch nicht gekommen!“, so wird es im Bezug auf die Endzeit einmal heißen: „Die Stunde der Welt ist vorüber und die Zeit ihrer Heimsuchung ist abgelaufen. Die Pforte des Himmels ist geschlossen.“

Noch gehe Ich segnend über die Erde. Noch bin Ich selbst die offene Pforte. Aber noch in diesem Zeitalter, in dem ihr lebt, wird die Gnadenpforte geschlossen werden. Dann werden die Prediger des Evangeliums ohne Kraft des Heiligen Geistes sein und die Anhänger des Antichristen werden rufen:

Die Zeit des Christentums ist vorüber! Wir haben jetzt andere Götter! (z.B. die Wissenschaft, HH)

Aber genau umgekehrt wird es sein. Wenn der Antichrist und seine Anhänger triumphieren, dann komme Ich persönlich im Auferstehungsleib auf die Erde. Die Stunde der Welt ist dann vorüber und die Zeit der Heimsuchung ist abgelaufen. Ich komme mit Meiner Herrlichkeit. Das ist eure Hoffnung, eure Freude, euer Glaube.

Ich lasse Meine Kinder nicht zuschanden werden. In der Zeit großer Trübsale und Drangsale, in der Meine Engel die Zornschalen über ein hochmütiges Menschengeschlecht ausgießen, sollt ihr es wissen, dass es Mein Wille ist, dass der Antichrist in Erscheinung tritt. Denn er muss Mir dienen.

All das Böse muss Mir und Meinem Rettungsplane dienen. Ihr sollt dann soweit gereift sein, dass ihr durchschaut und klar erkennt: das Ende dieses Zeitalters ist gekommen. Bringt euer Leben in Ordnung. Übergebt Mir alles und sorgt euch nicht. Seid allezeit barmherzig, besonders zu den Schwachen und Verirrten.

Stellt euch unter Meinen Schutz, denn morgen schon kann die Katastrophe hereinbrechen. Bleibt in Meiner Liebe. Lasst euer Quellwasser der Freude, des Friedens und der Kraft denen zuteil werden, die schwer zu ertragen sind. Steht ihnen helfend bei. Ihr sollt euch nicht nur zu denen halten, von welchen ihr einen Vorteil habt, ihr sollt lernen die schwierigen Menschen ertragen und eure Feinde lieben.

Tragt Meine Gotteslasten mit Mir. Tragt sie willig, tragt sie gern und Ich werde eure Seelen mit Himmelsluft umgeben.

Meine Söhne und Töchter! Die sogenannte Frömmigkeit hat vor Mir keinen Wert. Mit der Frömmigkeit eurer gefallenen Seele könnt ihr in den schweren Zeiten nicht bestehen. Das Seelische fällt in der Gefahr ab. Bittet Mich, dass Ich euren Geist erwecke und mit Meinem Heiligen Geist erfülle.

Nur mit Mir vereint, könnt ihr feststehen. Nur wenn ihr von euch selbst, von eurem Eigenwillen der Seele, gelöst seid und Ich in euch Wohnung genommen habe, könnt ihr dem Antichristen widerstehen. Nur mit Mir vereint könnt ihr Freude im

Leid empfinden.

Wenn auch in euren Gesichtern die durchlittene Not eingegraben ist, ihr seid dennoch Mein Ebenbild und ihr dürft strahlende Liebe verschenken in dieser finsteren, vom Satan verdorbenen Welt.

Weil ihr Mich liebt, seid ihr geöffnet für Meinen Heiligen Geist, für das Ewige, das Himmlische in euch. Inmitten der Drangsale gebe Ich euch Meine Herrlichkeit. Ihr braucht nicht zu warten bis ihr im jenseitigen Reich seid, nein - jetzt und hier soll in euch Mein Friede und Meine Freude sein. Jetzt sollt ihr das Himmlische in euch erleben.

Jetzt ist die Zeit der Gnade. Jetzt sollt ihr mit Mir liebend vereint sein, dass hereinbrechende Katastrophen euren Glauben nicht erschüttern können, dass ihr mit freudigem Herzen auf Meine persönliche Wiederkunft wartet. Ihr dürft Mich schauen von Angesicht. Ihr sollt wirklich Kinder des Lichtes sein. Kinder Meines Geistes.

Nicht im Seelischen sollt ihr euch bewegen und nicht nach äußerer Frömmigkeit trachten. Die sogenannte Frömmigkeit ist heimlicher Hochmut. Die

Frömmelei stinkt bis zu Meinem Thron empor. Die „Frommen“ sagen: „das tat Jesus für mich!“ Und damit lassen sie es bewendet sein. Sich selbst verleugnen wollen sie nicht.

Mein Opfer am Kreuz auf Golgatha wird euch erst klar und vollkommen bewusst, wenn ihr euer Inneres jeden Tag in Meinem Lichte prüft. Wenn ihr die ganze Erbärmlichkeit eurer gefallenen Seele erkennt und sagt: „Mein JESUS: Das tat ich gegen Dich ! Damit betrübte ich Dich! Das tat ich gegen Dich, mein Gott und mein Herr!“ Dann erst spreche Ich das tröstende Wort über euch: „Und das tat Ich für dich!“

Nur ein demütiges, sich seiner Sünden bewusstes Herz, erkennt dankbar, was Ich am Kreuz für alle Sünder vollbracht habe. Nur ein demütiger Mensch wird mit Meiner Hilfe zum Überwinder und kann den Splitter im Auge des Bruders mit linden, segnenden, heilenden Händen entfernen. Ein demütiger Mensch tritt die Perle, - das Herz des Nächsten - nicht noch mehr in den Schmutz. Er liebt und hilft und glaubt Mir, dass Meine JESUSLIEBE auch dieses Herz reinigt.

Diejenigen aber, welche in der Frömmigkeit ihrer Seele leben und sogar noch stolz darauf sind, wissen nichts vom Balken in ihrem eigenen Auge. Sie entdecken sofort den Splitter im Auge des Nächsten. Sie richten und sagen triumphierend: „Da seht den Heiligen! Schaut an die Heilige, was sie noch für Fehler haben!“

Meine Kinder, prüft euch ernstlich. Kennt ihr euer Herz? Nein, ihr kennt es nicht. Ihr vermeint es zu kennen; aber in schweren Zeiten habt ihr erlebt, was in euch ist, das ihr zuvor nie erkannt habt: Egoismus, Lieblosigkeit, Verrat. Wisst ihr, wie solches über euch kommen kann, ganz plötzlich, unerwartet, je nach dem die Ereignisse über euch hereinbrechen? Ja, Meine Kinder, die Seele des Menschen ist gefallen, es ist nichts Gutes in ihr.

Ich belehre euch, damit ihr die Notwendigkeit eurer Erlösung erkennt und Mein für euch vollbrachtes Liebesopfer im Glauben annehmt. Nehmt das Wunderbare in euer Herz auf: Ihr braucht euch nur Mir ganz hingeben und alles, was ihr tut, für

Mich tun. Dann wandle Ich euch vollständig um, euer alter Mensch ist nicht mehr, Ich mache alles neu. Ihr könnt nicht mehr sündigen, denn für die Überwinder ist keine Sünde mehr da. Warum? Weil Ich euch verwandelt und Meinen Liebegeist gegeben habe. Weil Ich in euch bin.

Wenn sich die Sünde euch nahen will, wehren Meine Engel, die vor eurem Herzen Wache stehen, sie ab. Der Böse kann nicht mehr herein. Weil ihr Meinen Willen erfüllt und mit Mir verbunden seid, dürft ihr euch bewusst abwenden von der Sünde, sie kann euch nicht zu Fall bringen. Das ist Meine Barmherzigkeit. Meine segnenden Hände halte Ich über euch. Ich mache alles neu, nicht nur eure Herzen, auch eure Augen. Mein Liebe-Geist erneuert die Welt.

Nutzt die Zeit! Ringt, dass ihr durch die enge Pforte eingeht, bevor die Himmelstür verschlossen, bevor die Gnade hinweggenommen wird von dieser Welt.

Meine Söhne und Töchter, die mit Meiner Hilfe überwinden, Meine Kinder, die Mir gehorsam sind, werden die Zeiten gut überstehen. Freut euch auf die Stunde, da Ich euch entrücke. Leiblich entrücke. Im Geiste, in eurer Herzensgesinnung, seid ihr ja schon dieser Welt entrückt. Ich will auch euren Leib umwandeln in den Leib, mit dem Ich auferstanden bin. Mein herrlicher Auferstehungsleib soll an euch sichtbar sein.

Ich führe Meine Kinder. Das Licht Meines Vaterherzens scheint in diese finstere, lieblose Welt und leuchtet Meinen Kindern auf dem Wege ins Vaterhaus. Jetzt schon dürft ihr das Wehen der Himmelsluft empfinden. Eurer leidgeprüften Seele schenke Ich Freude.

Selig seid ihr zu preisen. Selig seid ihr, wenn ihr euch ohne Hass vor der Welt verschließt. Selig seid ihr, weil Meine Liebe in euch den Sieg hervorgebracht hat. Was auch an Verfolgung und Leid über euch kommen mag, erinnert euch an das Wort der Heiligen Schrift: „Ob wir leben oder sterben, wir sind des Herrn!“ (Römer, Kap. 14, V.8)

Ja, Meine Kinder, Ich bin in euch, Ich bin euer Leben in euch in Ewigkeit. Frohlockt, wie Meine

Engel im Himmel frohlocken! Freut euch Meiner Vaterliebe und dankt Mir, dass Ich, als JESUS euch den Weg ins Vaterhaus bereitet habe.

Nun seid ihr wieder still in euch geworden. Meine Liebe ist in euch. Meine Gotteskraft werdet ihr noch mehr empfinden, wenn die Ereignisse eintreten. Dann dürft ihr dankbar erkennen, dass Ich in euch bin.

Ich gebe euch heilende Hände und tröstende Worte für eure armen, verzweifelten Mitmenschen. Ich rede in euch. Ich heile und segne durch euch. Ich, euer Vater JESUS CHRISTUS. Amen.

J.H. Nr. 116 7. 9. 1963, Stuttgart

Kapitel 2
Die Neuoffenbarung Gottes

Einleitung: „Noch vieles hätte Ich euch zu sagen..." (Joh.16,12-14)

Von Prof. Franz Deml

Für die Christenheit, ja für die Menschheit als Ganzes, kann es kein größeres Ereignis geben, als dass die Verheißungen des Herrn im Johannes-Evangelium sich wahrmachen:

> "Noch vieles hätte ich euch zu sagen, doch ihr könnt es jetzt noch nicht ertragen (fassen). Wenn aber jener, der Geist der Wahrheit, kommt, wird er euch in alle Wahrheit einführen. Er wird nicht aus sich selber sprechen; er wird vielmehr reden, was er hört, und wird euch verkünden, was künftig ist." (Joh. 16, 12-14)

Der Inhalt dieser Worte lässt keinen Zweifel daran, dass es sich hier um künftige Prophetien handelt. Tatsächlich hat es auch in der christlichen Ära, nicht nur im Alten Bund, eine fortlaufende Prophetie gegeben, die leider bei den institutionellen Kirchen zu wenig Beachtung fand. Mit der willkürlich gesetzten und unbegreiflichen These, dass spätestens mit dem Tode der Apostel alle Offenbarung endgültig abgeschlossen sei, gewährte man der Stimme des Heiligen Geistes nur wenig Spielraum mehr.

Nun hat aber schon der zu seiner Zeit hoch gerühmte Zisterzienserabt Joachim von Fion (gest. ca. 1205), der selbst ein großer Prophet war, in seiner Dreizeitenlehre darauf hingewiesen, dass nach der Offenbarung des Johannes, zu Beginn des sogenannten Geistzeitalters (d.h. kurz vor dem Endgericht), den Menschen ein "Ewiges Evangelium" verkündet werden wird. Der betreffende Text bei Johannes lautet:

> "Und ich sah einen anderen Engel fliegen durch die Himmelsmitte, der hatte ein Ewiges Evange-

lium zu verkünden über die Erdbewohner und über alle Nationen und Stämme und Sprachen und Völker…" (Joh. Offb. 14,6)

Wir müssen uns nun fragen: Hat es vielleicht eine solche Verkündigung nicht schon längst gegeben oder müssen wir noch darauf warten? Wir können es jedenfalls als ein heilsgeschichtliches Omen betrachten, dass auffallenderweise sogleich mit dem Beginn der Neuzeit die Prophetengabe in einem Ausmaß wuchs, dass niemand mehr, auch die Kirche nicht, daran vorbei kann.

Schon mit J. Böhme und E. Swedenborg waren Höhepunkte erreicht, die schließlich noch durch den größten aller christlichen Propheten, durch Jakob Lorber (1800 - 1864), weit übertroffen wurden. Durch ihn hat zweifellos der verheißene Heilige Geist sein ganzes Füllhorn ausgegossen. Besonders ist es das zehnbändige "Große Evangelium Johannes", das anhand von detaillierten Schilderungen aller Vorgänge im Leben Jesu während seiner drei Lehr- und Wanderjahre "in alle Wahrheit einführt". Erst recht aber wird in dieser Prophetie die folgende

Verheißung Jesu wahr:

> „Der Beistand aber, der Heilige Geist, den der Vater in meinem Namen senden wird, der wird euch alles lehren und euch an alles erinnern, was ich euch gesagt habe.“ (Joh. 14,26)

Wie sehr treffen gerade diese Worte auf das “Große Evangelium Johannes” zu! Aber auch die großen Jenseitswerke Lorbers sind eine unerschöpfliche Quelle tiefster Erkenntnisse.

Diese sogenannte Neuoffenbarung - die nirgends in Widerspruch steht zur Altoffenbarung, das heißt zu den überkommenen vier Evangelien, sondern ihren Inhalt erst voll zur Entfaltung bringt, - ist ein “Licht aus den Himmeln”, das in allen Dingen Klarheit schafft und keine Fragen offen lässt. Ja, sogar die alte Unstimmigkeit zwischen Wissenschaft und Glauben wird dadurch vollständig behoben, da sie auch die naturgeistigen Vorgänge im Schöpfungsbereich, in Makrokosmos und Mikrokosmos, bis ins letzte durchleuchtet. Das physische Universum in seiner Gesamtheit ist in dieser Prophetie ebenso enthalten wie der astrale und geistige Kosmos, Diesseits und Jenseits. Wir erhalten Auskunft über die Entstehung der Welten wie über den Verlauf der Heilsgeschichte, über das Wesen Gottes und der Engel, und erst recht über den Menschen und seine ewige Bestimmung. Dass Christus als der geoffenbarte Vater und Erlöser der Welten bei alledem im Mittelpunkt steht, ist selbstverständlich. -

Es ist eines der vielen Wunder, die in der Heilsgeschichte schon so oft für Überraschungen gesorgt haben, dass dieser Prozess der "Wiederkunft Christi im Wort" in aller Stille vor sich ging. In größter Verborgenheit geschah es, dass der "Schreibknecht Gottes" Jakob Lorber vor bereits über hundert Jahren den Grund legen durfte für eine neue Ära der Menschheitsgeschichte. Es war Gottes Kalkül, in einer relativen Zeit der Verborgenheit alles vorzubereiten, dass das Licht plötzlich hervorbrechen konnte. Allein schon die Naturwissenschaften bestätigen heute das Weltbild der Neuoffenbarung in einer Weise, die niemand für möglich gehalten hätte.

Wie immer bei prophetischen Kundgaben bediente sich der Herr auch bei Jakob Lorber der höchst eigenen Sprache des Mediums. Es darf uns daher nicht wundernehmen, wenn altertümelnde Ausdrucksweisen in Stil und Mentalität der damaligen Zeit vorherrschend sind. Dass es in der Hauptsache eine Herzenssprache ist, mit vielen volkstümlichen Beimengungen, erleichtert das Lesen. Wahrheitsgehalt und Weisheitstiefe der göttlichen Einsprache aber werden in keiner Weise beeinträchtigt.

Das Neuoffenbarungs-Schrifttum, z.B. durch Jakob Lorber mit seinen 25 zum Teil sehr umfangreichen Bänden, hat bereits eine Auflage von über einer Million Exemplaren erreicht. Und hatte man es früher in kirchlichen Kreisen kaum beachtet oder direkt abgelehnt, so setzen sich heute in der großen Glaubenskrise und Seelennot unserer Zeit immer mehr Geistliche ernsthaft damit auseinander; ja, manche von ihnen sind aufs äußerste beeindruckt.

So schreibt zum Beispiel der evangelische Theologe D. Dr. Kurt Hutten: "Dieses Weltbild hat Tiefe und Kraft, umfasst alle Ebenen des menschlichen

Seins und der Geschichte, enthält großartige Vorstellungen wie die des großen Schöpfungsmenschen und hat in erstaunlicher Weise moderne Forschungsergebnisse vorweg genommen, so z. B. die in der Atomphysik erfolgte Auflösung der Materie in Energie und Bewegung. In einer Zeit, in der sich die Dimensionen des Universums durch die Astronomie ins Unermessliche geweitet haben, unsere Erde als ein winziges, belangloses Stäubchen erkannt worden ist, das im Reigen der Sonnen und Milchstraßen verloren umhertreibt, und der Mensch sich in einer frierenden Einsamkeit und Verlorenheit vorfindet, kann das Weltbild Lorbers eine große Hilfe sein. Es gibt der Erde samt ihrer Geschichte und Heilsgeschichte ihre Würde wieder, verleiht dem Glauben eine kosmische Weite, verwebt Diesseits und Jenseits, Mikrokosmos und Makrokosmos ineinander, preist die alle Schöpfung durchwaltende Liebe Gottes und weist mit alledem den Menschen einen Weg zur Geborgenheit."

Der katholische Theologe Robert Ernst: "...25 Bände hat Jakob Lorber in 24 Jahren geschrieben.

Ein Monumentalwerk, das über das Fassungs- und Schaffensvermögen des genialsten Philosophen, Theologen und Schriftstellers hinausgeht."

Der evangelische Theologe Helmut von Schweinitz: "Das Phänomen Lorber mit der Deutung der Tiefenpsychologie abzutun, ist keine überzeugende Erklärung, denn was in seinen Schriften an die Oberfläche des Bewusstseins tritt, sind Erkenntnisse, die aus der Sphäre seines beschränkten menschlichen Wissens nicht stammen können. Zu ihrer Aneignung würde ein Menschenleben nicht ausreichen und alle schöpferische Phantasie nicht genügen. Genauso wenig kann das Lebenswerk Lorbers durch philosophische oder theologische Spekulation erklärt werden. Es bleibt bei ihm wie bei allen prophetischen Phänomenen ein unerklärbarer Rest.

Bei der Untersuchung der Frage, wie Neuoffenbarung und Altoffenbarung zusammen-stimmen, stellt der evangelische Pfarrer Hermann Luger fest: "Beide stehen auf demselben göttlichen Grund. Lorbers Schriften atmen durchaus biblischen Geist.

Nicht nur der Inhalt seiner beiden Hauptwerke "Das große Evangelium Johannes" und "Die Haushaltung Gottes" ist ein biblischer, auch seine anderen Werke sind kernbiblisch. Viele Aussprüche und Reden des Herrn im Großen Evangelium Johannes könnten geradeso gut in einem der vier biblischen Evangelien stehen. Dass sich bei Lorber vieles findet, was in der Bibel, besonders in den vier Evangelien, vollständig fehlt - wie zum Beispiel die Reden des Herrn über die Himmelskörper und die Geheimnisse der Schöpfung -, braucht uns nicht wunderzunehmen und beweist nichts gegen den biblischen Charakter der Neuoffenbarung. Es ist nur verständlich, dass Jesus in den drei Jahren seiner öffentlichen Tätigkeit viel mehr geredet und getan haben muss, als in den Evangelien der Schrift erzählt wird; und wir glauben daher ein Recht zu haben, in der Neuoffenbarung geradeso gut Gottes Wort zu sehen wie in der Bibel. Bibel und Neuoffenbarung sind für uns zwei gleichberechtigte Erscheinungen, die ein und demselben Urgrund entspringen und von denen die eine durch die andere erst recht an Wert und Bedeutung gewinnt."

Vorwort aus dem „Großen Evangelium Johannes“ von Prof. Franz Deml

Die 10 Hauptpunkte der Neuoffenbarung Gottes an die heutige Menschheit

Die Wiederkunft Christi im Wort, in den sinnbildlichen "Wolken des Himmels" (Dan.7:13, Mt.26,64), was bedeutet: das Licht der Wahrheit in erkennbarer und verständlicher Art offenbart.

JESUS erklärt uns in über 10.000 Kapiteln:

1. Den Weltgrund:

Es gibt keinen Stoff im Sinne des Materialismus. Alles ist Energie, nämlich Gottes- oder Geisteskraft, zergliedert in allerkleinste Urgrundteilchen (Urlebensfunken). Auch das bisher als kleinste Einheit betrachtete Stoffatom ist ein aus zahllosen Grundteilchen bestehendes lebendiges Universum in kleinstem Maßstab. (Man vergleiche dazu die neuesten Erkenntnisse der Kernphysik!) Aus den Urgrundteilchen (heute Elektronen oder Quanten genannt) - die nichts anderes als selbständig gemachte Gedankenkräfte Gottes sind - ist das ganze Weltall in planmäßiger Entwicklung aufgebaut.

2. Das Wesen Gottes:

Gott ist ewiger, unendlicher Geist, die Urkraft und der Urgrund alles Seins. Seine höchsten Attribute sind Liebe, Weisheit und Willensmacht. Sein Heiliger Geist erfüllt das ganze All (die "Weltseele" der antiken Religionen). Allein, dieser unendliche Allgeist hat als innerstes ein Machtzentrum, von dem wie aus einer Sonne Gedanken und Willenskräfte in die Schöpfung hinausströmen, um nach einem großen Lebensvollendungskreis wieder zurückzukehren.

In diesem Urmachtzentrum ist Gott wesenhaft gestaltet, und zwar in der höchsten aller Lebensformen: als vollkommener Geistes-Urmensch. ("Gott schuf den Menschen nach seinem Bilde"!) Von diesem Urmachtzentrum aus ist der Gottesgeist ewig schöpferisch tätig.

Die ganze Schöpfung ist ein gewaltiger Entwicklungs- und Vervollkommnungsvorgang der göttlichen Gedanken und Ideen. Er vollzieht sich in ungeheuren, durch Ruhezeiten geschiedenen Perioden ("Schöpfungstagen", "von Ewigkeit zu Ewigkeit")

3. Die geistige Urschöpfung:

Der uns sichtbaren stofflichen Schöpfung gingen geistige Urschöpfungen voraus. In diesen hat Gott aus den gleichsam aus sich hinaus gestellten Urlebensfunken große Geistwesen nach seinem Urbild geschaffen (Urerzengel), die befähigt waren, weitere Geistwesen ihresgleichen aus sich ins Dasein zu rufen. So entstanden Legionen von großen Geistwesen (Engeln), die sich durch das Ordnungsgebot der Gottes- und Bruderliebe zur gottähnlichen Lebensvollendung erziehen lassen sollten. Ein Teil dieser Urwesen unter dem Hauptgeiste Satana (Luzifer) verfiel aber kraft seines freien Willens in grenzenlose Eigenliebe und Selbstherrlichkeit.

Da jedoch nach ewiger Ordnung den Gott-abtrünnigen die nährenden Lebensströme aus Gott versiegen mussten, so erstarrten sie gleichsam und verdichteten sich zu hilflosen Massen. So entstanden im Schöpfungsraum durch Verdichtung geistig-ätherischer Urwesenheiten (Materialisation) die Urnebel der Materie oder des Weltstoffes.

4. Die Stofflich Materielle Schöpfung:

Sollten die gefallenen Urwesen ewig im Banne ihres Gerichtes verbleiben oder doch noch zur Vollendung in Gottes heiliger Lebensordnung zurückgeführt werden? Die göttliche Liebe erkannte sich der gefallenen Geisterwelt: Mit Hilfe der treu gebliebenen Engelsgeister entwickelte der Schöpfer aus den Urnebeln des Weltenstoffs durch Gliederung und Neubelebung den - in seiner Gesamtheit den "verlorenen Sohn" darstellenden - Bau des materiellen Universums. (Kant-Laplace'sche Weltentstehungslehre geistig begründet!) Damit leitete Gott auf all den zahllosen Weltsystemen und Weltkörpern eine Erlösung (Lösung) der in der Materie gebundenen Urwesen ein.

5. Den Zweck des Naturlebens:

Auf allen Gestirnen werden durch das göttliche Walten die erstarrten Weltstoffmassen mehr und mehr gelockert. Die sich lösenden luziferischen Lebensfunken werden nach Gottes liebe-weisem Heilsplan in den Reichen der Naturwelt von den Engeln, den Dienern des Schöpfers, in immer neue geistige Läuterungsschulen gebracht. Dies, indem sie - zu stets reicheren Verbänden oder "Seelen" vereinigt - in immer höheren Lebensformen stufenweise durch das Mineral-, Pflanzen- und Tierreich emporgeführt werden. (Darwins Entwicklungslehre in allumfassender geistiger Sicht!) -

Auf diesem geistig-leiblichen Entwicklungsweg werden die "Naturseelen" im Bau und Gebrauch ihrer jeweiligen Lebenshüllen (alle Gebilde der drei Naturreiche) angeleitet. Sie beginnen damit, ihre widergöttliche Selbstsucht nach und nach zu überwinden und sich zur himmlischen Ordnung des Dienens in gegenseitiger Liebe zu bekehren. (Aufbau gemeinsamer Verbände, Organismen.) So predigt auch das Evangelium die "Erlösung aller Kreatur" durch die Macht der Liebe.

6. Den Menschen - das Endziel dieser Entwicklung:

Die auf diese Weise aus der luziferischen Materie aufgestiegene Menschenseele soll - unter dem Einfluss eines ihr eingehauchten Gottesgeist- oder Liebefunkens - sich nun im irdischen Leben bewähren. Durch freiwillige Erfüllung der Liebesgebote Gottes soll sich der Mensch immer höher bis zur wahren Gotteskindschaft entwickeln. um schließlich am Ziel der Vollendung zur wahren Freiheit und Seligkeit des ewigen Lebens einzugehen.

7. Die Wesenheit Jesu Christi:

Als die Schöpfung so weit gereift war, um die höchste Enthüllung der göttlichen Liebe - die Gottheit als "Vater" - zu fassen, wählte Gott unsere äußerlich so unscheinbare Erde zur größten Liebetat seiner Erbarmung aus. Hier, wo der innerste Geistkern Luzifers gebannt gehalten wird, hüllte Gott sein geistmenschliches Urmachtzentrum ins Gewand der Materie. ("Und das Wort ward Fleisch.") In Jesus Christus trat Gott selbst ins Menschenreich, um dieses und alle Geister der Unendlichkeit zu belehren. Als höchstes Zeugnis der Liebe zog Er selbst das Kleid der Materie an, um die Gefallenen aus ihrem Gerichte zu erlösen und die Geläuterten wieder ins Vaterhaus zurückzuführen. (Gleichnis vom verlorenen Sohn.)

Jesu Geist, das heilige Urmachtzentrum Gottes, ist der "Vater". Jesu Seele (und Leib), d.h. sein Menschliches, ist der vom Vater geschaffene "Sohn". Die in die Unendlichkeit ausstrahlenden Gotteskräfte, ausgehend vom Vater durch den Sohn, sind der "Heilige Geist". Und so sind in Christus vereint Vater, Sohn und Hl. Geist (Lösung der Dreieinigkeitsfrage!). Jesus: "Wer mich sieht, der sieht den Vater" und "Ich und der Vater sind eins!"

8. Den Heilsweg zur geistigen Wiedergeburt:

Als einzigen, zu Vollendung und ewigem Leben in Gott führenden Heilsweg lehrte Jesus das Grundgesetz der ganzen Schöpfung: "Liebe Gott über alles und deinen Nächsten wie dich selbst!" Weder äußerliche Werkgerechtigkeit (Sakramentenempfang) noch äußerliche Glaubensgerechtigkeit (Bekenntnisglaube) genügen; sie sind bestenfalls Hilfsmittel für den Heilsweg der reinen, tatkräftigen Liebe, dem Urgrund alles Seins.

Ist im Menschen mit Hilfe des Gottesgeistes die reine Himmelsliebe zum unbeschränkten Herrscher geworden, dann ist der Mensch dem Gerichte der Materie entronnen und hat die geistige Wiedergeburt erreicht. Mit dem ihr eingepflanzten Gottesgeist völlig verbunden, vermag die geläuterte Seele sodann zu einem wahren Gotteskind zu werden, "eins" mit ihrem Schöpfer und himmlischen Vater und ewig teilhabend an der Fülle seiner göttlichen Lebens- und Wirkungs-kräfte.

9. Die Fortentwicklung im Jenseits:

Die meisten Erdenmenschen treten nach ihrem Leibestod noch unvollendet in die feinstofflichen Jenseitssphären ein. Ihnen bietet die göttliche Liebe drüben neue Schulungsstätten, um schließlich alle - wenn auch oftmals auf weit schwierigeren und peinvolleren Wegen - doch noch zur Vollendung zu führen. Denn der göttliche Plan einer allgemeinen Erlösung kennt keine ewige Verdammnis!

Um das Endziel zu erreichen, gelangen die noch unreif aus dem Leben scheidenden Seelen im "Jenseits", d.h. in der irdisch unsichtbaren geistigen Welt zunächst in eine Art Traumleben. Hier wird ihnen zu ihrer Belehrung ein von ihren Schutzmächten geleitetes innergeistiges Schauen und Erleben zuteil, das je nach ihrer guten oder bösen Gesinnung ein paradiesisch-wonnevolles oder höllisch-qualvolles Empfinden hervorruft. "Himmel und Hölle" sind somit keine Örtlichkeiten, sondern geistige Entwicklungszustände der Seele. - Stark selbstische, erdgebundene Seelen werden auch durch Wiedereinzeugung (Reinkarnation) auf anderen stofflichen Welten oder zuweilen auch auf unserem Erdplaneten weiter geschult.

10. Das Ziel der Vollendung:

Seelen, die sich auf Erden oder in der jenseitigen Welt zur reinen Gottes- und Nächstenliebe läutern ließen, gelangen zu stets neuer und beseligender Wirklichkeit. Ihre geistige Schau und Wirkungsmacht erweitert sich in den dreifach gestuften Himmeln, entsprechend der Reinheit und Stärke ihrer Liebe. Die endloser Steigerung fähige Seligkeit der Vollendeten besteht in immer tieferer Erkenntnis Gottes, immer größerer Liebe zu Ihm und all seinen Geschöpfen, sowie in stets wirkungsreicherer Mittätigkeit am hohen Werke der Schöpfung als der Offenbarung alles Seins und Lebens.

* * * * * * *

Schon diese kurzen Andeutungen lassen erkennen, dass bei den neuen Offenbarungen Gottes (den "Wolken des Himmels", siehe Daniel 7,13 und Matthäus 26,64, *HH*) eine geistige Religion von größter Weite, Einheitlichkeit und Folgerichtigkeit vorliegt. Sie vermittelt eine erhabene Lebenslehre reinster Liebe und höchster Tatkraft, in der die Gottheit, der Vater in Jesus, den Grundstein bildet.

Die ganze Fülle und Vielseitigkeit der Lehre eröffnet freilich erst das eingehende Studium der Wiederkunft JESU im Wort Seiner Neuoffenbarungen. Diese bieten gerade das, worum die besten Geister unserer Generation zutiefst ringen: eine Synthese zu finden zwischen der Heilandslehre der Bibel und dem Entwicklungsgedanken der Wissenschaft. Daraus ergibt sich ein übereinstimmendes, an kein konfessionelles Bekenntnis gebundenes Christentum, das durch seinen Ethos der Liebe und die Tiefe seiner Erkenntnis alle Menschen zu einer hochgesinnten Geistes- und Lebensgemeinschaft zu einen vermag.

Aus "Ein Mann hört eine Stimme", Lorber-Verlag Bietigheim

Jakob Lorber und die Neuoffenbarung

Jakob Lorber (1800 - 1864) war ein von Gott erwählter Mann. Sein prophetisches Werk, das ihm durch inneres göttliches Diktat mitgeteilt wurde, wird in seiner Bedeutung in unserer Zeit immer mehr erkannt. Das 25bändige Werk schließt alle Fragen auf, die uns über die Heilsgeschichte, ja sogar über die gesamte Schöpfungsgeschichte bewegen. Da wird sowohl die Entstehung wie auch der Aufbau der Welten in ihrem physischen, astralen und geistigen Bereich bis ins kleinste durchleuchtet. Besonders aber erfahren wir alles über das Wesen Gottes, über die Welt der Engel, die jenseitigen Läuterungsstufen der Seelen nach dem irdischen Tod und, im Mittelpunkt stehend, das Wesen des Erlösers Jesu Christi.

Am 15. März 1840 vernahm er beim Morgengebet „in der Gegend des Herzens“ eine Stimme, klar und hell, die ihm gebot: „Steh auf, nimm deinen

Griffel und schreibe!“ Diesem geheimnisvollen Rufe gehorchend schrieb er die folgenden Worte nieder: „So sprach der Herr zu mir und in mir (Jakob Lorber) für jedermann, und das ist wahr, getreu und gewiss: Wer mit Mir reden will, der komme zu Mir, und Ich werde ihm die Antwort in sein Herz legen. Jedoch die Reinen nur, deren Herz voll Demut ist, sollen den Ton Meiner Stimme vernehmen. Und wer Mich aller Welt vorzieht, Mich liebt wie eine zarte Braut ihren Bräutigam, mit dem will Ich Arm in Arm wandeln. Er wird Mich allezeit schauen wie ein Bruder den anderen, und wie Ich ihn schaute schon von Ewigkeit her, ehe er noch war.“

Lorber hatte zuvor gerade das unerwartete Angebot erhalten, an der Oper in Triest die Stelle eines zweiten Kapellmeisters zu übernehmen und schon alle Reisevorbereitungen getroffen. Doch nach diesem ihn tief erschütternden Ereignis entsagte er, jetzt schon im 40. Lebensjahr stehend, diesem verlockenden Angebot und widmete sich fortan als „Schreibknecht Gottes“, wie er sich zuweilen nannte, bis zu seinem Lebensende der

Niederschrift dessen, was er in sich durch das „Innere Wort“ vernahm und als Stimme Jesu Christi, das lebendige Wort Gottes empfand. Seinen oft dürftigen Lebensunterhalt musste er nun weiterhin als Musiklehrer und Klavierstimmer verdienen, weil er sein ansehnliches Erbteil seinem Bruder zum Existenz-Aufbau leihweise überlassen hatte, aber zeitlebens nichts mehr davon zurückerhielt.

Für den Gesamtinhalt der Niederschriften Lorbers hat sich unter ihren Freunden seit langem die Bezeichnung „Neuoffenbarung“ (im Unterschied zur biblischen „Altoffenbarung“) eingebürgert. Sie will die ursprüngliche und vollständige Gottes-, Erlösungs- und Heilslehre, deren Kenntnis Jesus zum Teil seinen Aposteln und engsten Schülern vorbehalten musste, den Menschen des Industrie- und Informationszeitalters frei von traditionellen und modernen Irrtümern und Entstellungen, zusammen mit weiteren, erst den Menschen unseres Zeitalters begreiflichen Enthüllungen zugänglich machen. Das betrifft die im Mittelpunkt stehende Gottes- und Heilslehre wie auch die Aufschlüsse über die geistige Urschöpfung, den Entstehungsgrund und Zweck des materiellen Universums sowie die Läuterung und Weiterentwicklung irdischer Verstorbener in den verschiedenen jenseitigen Sphären.

Die Neuoffenbarung macht uns auch wieder bekannt mit den gesetzmäßigen Entsprechungen zwischen Dingen und Vorgängen in der geistigen und in der natürlichen Welt und dem rechten Verständnis ihrer Bildersprache. Die Kenntnis der geistigen Entsprechungen, zur Zeit Jesu nur noch wenigen Eingeweihten geläufig, ist der Schlüssel zum wahren Verständnis des inneren Sinns vieler Texte des Alten und Neuen Testaments, besonders des Johannes-Evangeliums als des geistigsten (übrigens auch in äußeren Dingen zuverlässigsten) der Evangelien, der Geheimen Offenbarung des Johannes und auch zahlreicher Texte der Neuoffenbarung.

Letztere bietet auch die beste Grundlage für eine wirklichkeitsgerechte Verbindung von geistiger Religion und wahrer Naturerkenntnis in einem Weltbild, in das die schon in frühchristlicher Zeit verlorengegangene kosmische Dimension und auch der Bereich des Übersinnlichen (heute als Parapsychologie und Paraphysik bezeichnet) wieder einbezogen sind. Auch in der Bibel berichtete außergewöhnliche, gemeinhin als „Wunder“ bezeichnete Ereignisse und Taten, deren Tatsächlichkeit zumeist geleugnet wird, verlieren durch die Neuoffenbarung den traditionellen Nimbus des unerklärlichen Mirakels, weil sie, auch für menschliche Vernunft nachvollziehbar, einer höheren geistgelenkten Naturgesetzlichkeit unterliegen. Christentum und Wissenschaft, Schöpfungslehre und Entwicklungsgedanke, Herzenserkenntnis und rationales Denken verbinden sich in der Neuoffenbarung zu einem übereinstimmenden, an kein konfessionelles Bekenntnis gebundenen Christentum. Es vermag in Jesus Christus alle Menschen zu vereinen in der Liebe zu Gott und tätiger Menschenliebe und Fürsorge für die uns anvertraute Schöpfung.

Von den 25 umfänglichen Bänden und einer Reihe kleinerer Schriften des Lorberwerks seien hier nur das „Große Evangelium Johannes“ und die

„Jugend Jesu“ genannt. Im „Großen Evangelium Johannes“ besitzen wir gemäß biblischer Verheißung in Joh. 14,26 eine eingehende Schilderung der Lehrtätigkeit und des Wirkens Jesu. Wir werden gleichsam Ohrenzeugen auch jener Lehrgespräche, die Jesus nur im Kreise seiner reiferen Jünger und Freunde führen konnte und die, wie auch manche Heilungen, nicht zur späteren Aufzeichnung in den biblischen Evangelien bestimmt waren. Das zehnbändige Werk bildet gleichsam die „authentische Langfassung“ des biblischen Johannes-Evangeliums, dessen Chronologie es folgt, und ist das Herz- und Hauptstück der Gottesbotschaft durch Jakob Lorber.

Die „Jugend Jesu“ macht uns wieder mit dem seit frühchristlicher Zeit – bis auf geringe Teile, die in der „Berlenburger Bibel“ überliefert sind – verschollenen vollständigen Jakobusevangelium vertraut. Der von Jakobus dem Älteren (dem jüngsten Sohn Josephs aus erster Ehe und Helfer Marias bei der Betreuung ihres Kindes Jesus) verfasste ausführliche Bericht über Empfängnis und Geburt Jesu, ferner die mit römischer Hilfe gelungene Flucht der Familie vor dem Kindesmörder Herodes nach der damaligen Stadt Ostracine in Ägypten, ihr dortiger Aufenthalt und die Rückkehr nach Nazareth –, und vieles Weitere wird in einer Weise geschildert, die unser Gemüt tief anrühren, uns das Empfinden unmittelbaren Beteiligtseins vermitteln und etwas vom Wirken des Gottesgeistes im Kinde Jesus verspüren lassen kann.

Nach den prophetischen Kundgaben Lorbers vor 150 Jahren steht die Menschheit gegenwärtig mitten in der größten inneren und äußeren Umwälzung ihrer Geschichte und durchläuft in diesen Jahrzehnten den letzten, äußerst turbulenten und durch menschliches Fehlverhalten, zunehmende Naturkatastrophen und technische Großunfälle geprägten Abschnitt (End- und Wendezeit) vor dem Durchbruch in ein neues Zeitalter, dem verheißenen Friedensreich Jesu Christi, in dem die Menschen den Geist Seiner Liebe in sich zur Herrschaft gelangen lassen.

Hermann-Josef Brodesser, Lorber-Verlag

Die Hauptwerke der Neuoffenbarung Gottes an Jakob Lorber

Die Haushaltung Gottes – 3 Bände:

Dieses Werk behandelt in einer machtvollen Propheten-Sprache die Hauptgrundfragen allen religiösen Denkens: Das Wesen Gottes, die Urschöpfung der Geisterwelt, die Entstehung der (materiellen) Sinnenwelt, die Erschaffung des Menschengeschlechts und die Urgeschichte der Menschheit bis zu der großen vorderasiatischen Erdkatastrophe der Sintflut. Was die ersten Kapitel der Bibel gewissermaßen in einem Samenkorn geben, das finden wir in dieser „Haushaltung" als einen mächtigen, das Samenkorn erst recht bestätigenden und verherrlichenden Baum der Erkenntnis. Das Wesen Gottes und seiner geistigen und stofflichen Schöpfung wird uns hier in unvergleichlicher

Weise vor die Seele geführt, sowohl nach der unnahbar erhabenen Seite, wie nach der bis ins Kleinste sich hinab beugenden Liebe Gottes. Und ein tiefer, voller Strom des Lichts fällt schließlich in der Urgeschichte der Väter auf den wahren Zweck und Sinn und auf die Führungen des menschlichen Lebens.

Band 1 – Die Urgeschichte der Menschheit

- Das Geheimnis der Schöpfung
- Die Urzeit der Erde und des Mondes
- Der Sündenfall
- Die Geburt Cahins und Ahbels
- Die Entwicklung von Cahins Geschlecht
- Gründung der Stadt Hanoch in der Tiefe
- König Hanochs gottlose Regierung
- Die Nachfolger Hanochs bis zu König Lamech
- Urgeschichte des chinesischen Volkes
- Gegensätze zwischen Gott und den Menschen
- Gründung der ersten ordnungsmäßigen

Kirche dieser Erde

- Vom Wesen der Zeit und der Ewigkeit
- Vom Wesen des Lebens
- Eine Verheißung des Herrn u.a.

Band 2 – Aufstieg und geistige Blüte des ersten Weltreiches Hanoch

- Ehestiftungen durch den Herrn: Lamech und Ghemela werden die Eltern Noahs sein
- Henoch vom Herrn zum Hohepriester eingesetzt und des Herrn Verheißung an ihn
- Die Verklärung Sehels
- Lamechs Bekehrung
- Erbauung des ersten Tempels in Hanoch
- Henoch: alleiniger Hohepriester dieser Zeit, „da Himmel und Erde in Eines geflossen sind“
- König Lamech: Oberpriester des neuen Tempels

Band 3 – Die ersten Hochkulturen - Entartung und Untergang in der Sintflut

- Liebesbund des Herrn mit der ganzen Erde
- Szene mit Satana
- Hanochs Goldenes Zeitalter im geistigen Sinne
- Verbannung Satanas durch Henoch in den Mittelpunkt der Erde
- Adams und Evas Tod
- Henochs Hinwegnahme
- König Lamechs Tod
- Allmählicher moralischer Verfall auf der Höhe und in der Tiefe
- Massenzuwanderung von Männern und Frauen der Höhe ins Riesenreich Hanoch und neuer moralischer Niedergang
- Hochblüte der Technik und Zivilisation, großartige Stadtkulturen
- Einführung des Heidentums in Hanoch
- Machtkämpfe, Intrigen und Kriegswirren im ganzen Reich

- Mahal (Bruder Noahs) und seine Kinder verstrickt in die tragischen Ereignisse der Tiefe
- Beginn der durch die Völker der Tiefe selbst verschuldeten Sündflut
- Mahals Verklärung und Engelsdienst in der Führung der Arche Noahs. Anhang: die vornoahische Gestalt der Erde

Kindheit und Jugend Jesu:

Bei diesem Werk handelt es sich um das durch J. Lorber wieder-empfangene Jakobus-Evangelium. Der Herr hatte ihm diese Neuoffenbarung schon im voraus am 22. Juli 1843 angekündigt und hinzugefügt: „Jakobus, ein Sohn Josephs, hat solches alles aufgezeichnet; aber es ist mit der Zeit so sehr entstellt worden, dass es nicht zugelassen werden konnte, als echt in die Schrift aufgenommen zu werden. – Ich aber will dir das echte Evangelium Jakobi geben, aber nur von der Zeit an, da Joseph

Maria zu sich nahm. Jakobus hatte auch die Lebensbeschreibung Mariens von ihrer Geburt an mit aufgenommen sowie die des Joseph."

Und nun empfing der auserwählte Mittler durch die Stimme des Geistes in seinem Herzen eine umfassende, wunderbare Schilderung der Geburt und Kindheit Jesu von so inniger, erhebender Schönheit und Macht, dass wohl kein Herz den göttlichen Ursprung und die Wahrheit dieses kostbaren Schriftwerkes verkennen kann. Das Werden und Sichentfalten des Jesuskindleins unter der Obhut Marias im Hause des Pflegevaters Joseph, auf der Flucht nach Ägypten und dann wieder zu Hause, in Nazareth, entrollt sich vor unseren Augen.

Wir erleben das erste wunderbare Wirken und Sichbekennen des Gottesgeistes in dem Kindlein und empfangen mit freudigem Staunen ungeahnte Einblicke in das heilige Geheimnis der Person Jesu. Es wird uns die beseligende Gnade, im „Sohne" den „Vater" zu erkennen und mithin in Jesus „Vater, Sohn und Heiliger Geist" vereinigt zu finden.

Mit den Bruchstücken der alten Überlieferung in

der Berlenburger Bibel ist – bei Berücksichtigung der diesem Text widerfahrenen Veränderungen und Entstellungen – eine starke, teilweise wörtliche Übereinstimmung festzustellen. Und so beweist der Inhalt, dass uns in dieser Jugendgeschichte Jesu durch Jakob Lorber tatsächlich eine alte christliche Urkunde von unschätzbarem Wert neu gegeben ist.

Das große Evangelium Johannes
11 Bände:

Ist es nicht der Wunschtraum eines jeden Christen, möglichst das Ganze über Jesu Erdenwirken zu erfahren? Da die Evangelien aber mehr oder minder im Rahmen einer historischen Berichterstattung bleiben, muss es auch Propheten geben, die Eingeweihten-wissen vermitteln. So war der Menschheit der Heilige Geist verheißen worden, sie „alles zu lehren und an alles zu erinnern". Gemäß Joh. 16,12-13 lautete ein bezügliches Wort Jesu an die Jünger:

„Ich habe euch noch viel zu sagen; aber ihr

> könnt es jetzt nicht tragen. Wenn aber jener, der Geist der Wahrheit, kommen wird, der wird euch in alle Wahrheit leiten. Denn er wird nicht von sich selber reden; sondern was er hören wird, das wird er reden, und was künftig ist, wird er euch verkünden."

Eine solche Verkündung aber konnte, wie eh und je, nur Aufgabe der Prophetie sein. So gab es auch in allen Jahrhunderten, angepasst an den Reifezustand der Menschen, eine solche nach-christliche Einweihung durch das direkte innere Wort. Das größte Einweihungswissen ging selbst-verständlich von Christus selber aus, wie er es im Kreise seiner Jünger auf Erden weitergab. Dass vieles davon unter Schweigegebot stand, bezeugt die Bibel. Mit dem Hauptwerk Jakob Lorbers „Das Große Evangelium Johannes" wird uns auf dem Hintergrund des Lebens Jesu die ganze Lehre, die ganze Heilsgeschichte, das Wunder von der Begegnung des Göttlichen mit dem Menschlichen in aller Tiefe erschlossen. Dabei gibt Jesus selbst als Sprecher und Erzähler uns authentische Berichte von seinen Erdentagen.

Von der Hölle bis zum Himmel – 2 Bände:

Mit welcher Gewalt manche Seele im Jenseits von der Gottesliebe ergriffen wird, sobald sie nur in eine lichtere Sphäre gelangt ist, zeigt uns das Beispiel von Robert Blum. Auf Erden hatte er sich als Revolutionär aus Überzeugung mit Feuereifer für die Belange der unterdrückten Schichten eingesetzt. In Dingen der Religion aber war er indifferent und skeptisch geblieben. Drüben allerdings lernte er dann sehr bald die Führungen Gottes kennen. Die Lehre von der Eigenverantwortung des Menschen, die sein Schicksal auch nach dem Hinübertritt bestimmt, wird von Stufe zu Stufe lebendig miterlebt. Und manche drastisch-realistisch geschilderte Szene in der Geisterwelt beweist uns, dass der Mensch nach dem Ablegen seines Erdenleibes zunächst ganz derselbe Mensch bleibt, mit seiner Sprache, seinen Ansichten und Gewohnheiten, Neigungen und Leidenschaften, wie während seines Leibeslebens. Das geistige Wachstum im Jenseits hängt – drüben wie hier – einzig davon ab, wie das Grundgebot der Gottes- und Nächstenliebe verwirklicht wurde und wird. Im gleichen Maße wächst auch die Christus-Erkenntnis, und alle Kräfte helfen mit, besonders die Engel und auch der Herr selbst, dass eine geläuterte Seele zu ihrem eigentlichen Erlösungsziel gelangt.

Bischof Martin:

Wir sehen hier einen Menschen, wie er nach seinem letzten irdischen Atemzug das große Tor zum Jenseits durchschreitet. Drüben angekommen, bildet sich seine „Sphäre“ – zunächst einem Traumleben gleich, das noch ganz seine irdischen Irrtümer, Vorstellungen und Wünsche wider-spiegelt. Wir begleiten ihn bei seinen mannigfachen Vor- und Rückschritten auf dem Pfad der Erkenntnis und sehen, wie sich ihm mancherlei höhere Geistwesen und Engel zugesellen, die ihn durch läuternde und belehrende Erlebnisse für eine wahre Erkenntnis Gottes zubereiten.

Wir verfolgen, wie es immer lichter in der Seele des einstigen Bischofs wird und ihn sein geistiges Erwachen endlich in die hohen Welten der himmlischen Sphären führt. Seine wachsende Liebe lässt ihn nun das Göttliche in Jesus als den Vater der Ewigkeit erkennen, und damit tritt er in den Zustand seiner Vollendung ein, in die Gotteskindschaft mit all ihrer Freiheit, Schöpfergabe und Seligkeitsfülle. Wer die ersten Szenen dieses jenseitigen Schulungswerkes mit dem erreichten Endziel vergleicht, wird ermessen, welchen Weg ein Menschengeist zu durchschreiten vermag, der sich von Sphäre zu Sphäre durchringt bis zu den höchsten Höhen.

Für den aufgeschlossenen Leser bildet dieses Buch nicht nur ein beglückendes Zeugnis für die liebe- und weisheitsvolle Führung des Menschen nach seinem Erdenleben. In den Gesprächen und Erlebnissen Martins mit vollendeten Geistern wie Petrus und Johannes und zuletzt mit dem Herrn selbst findet jeder Suchende eine Überfülle klarster Antworten auf die Fragen nach den Letzten Dingen. Und ihn weht eine heilige Ahnung an von der Unermesslichkeit der großen Schöpfungsidee, aber auch von der Würde des Menschen, wenn er in der erreichten Gotteskindschaft zur Krone der Schöpfung herangereift ist.

Die geistige Sonne – 2 Bände:

Dieses große Lehrwerk von den Zuständen des Jenseits führt uns gleichsam in zehn Geistersphären, das heißt, wir treten in das innere Blickfeld von zehn verschiedenen Geistwesen, die einst irdisch verkörpert waren. Ihre hohe und höchste Erkenntnis hat durch den Grad ihrer Liebe zum himmlischen Vater die verwandte, jedoch eigen geprägte Art ihrer seelischen Welten gestaltet.

Mit dem Eintritt des Lesers in die Sphären dieser zehn Geister – darunter sich die Apostel Petrus, Markus und Paulus, der Prophet Daniel, der Seher Swedenborg und zuletzt Johannes als der Inbegriff errungener Liebeweisheit befinden – erschließt sich ihm ein geistiges Bild von überwältigender Größe und Weite.

In sich stets steigernden Bildern und Szenen, die zugleich eine einmalige Schule der wichtigen Entsprechungslehre bilden, erhalten wir Einblicke in die Geheimnisse der Naturschöpfung von der Erde bis zu den Zentralsonnen. Darüber hinaus eröffnen sich aus der Sphäre dieser erleuchteten Geister Zusammenhänge zwischen den sichtbaren Welten des Universums und den unsichtbaren des geistigen Alls, die geeignet sind, das zu eng gewordene Weltbild von heute grundlegend umzuformen und zu einer überzeugenden Klarheit zu führen.

Hier reichen sich wahre Religion und Wissenschaft die Hand zu einem neuen Bund des schauenden Erkennens, und der Menschengeist beginnt etwas zu ahnen von der grenzenlosen Liebe, Weisheit und Allmacht des Schöpfers, welcher auf millionenfachen Wegen alles erdhaft Gebundene in die wahre Freiheit des Geistes zurückführt.

Die 3 Tage im Tempel:

Diese Schrift gibt einen Bericht der Vorgänge im

Tempel, als der zwölfjährige Jesusknabe drei Tage lang unter den Lehrern und Ältesten weilte und mit ihnen tief-weise Gespräche, namentlich über die Messiasfrage, führte, worüber bei Lukas 2,47 nur knapp berichtet ist: „Und alle, die ihm zuhörten wunderten sich seines Verstandes und seiner Antworten.“

Paulus' Brief an die Gemeinde in Laodizea:

Der Brief des Paulus an die Christengemeinde in Laodizea (erwähnt in Kol. 4,16) musste bis heute trotz eifriger Nachforschungen als verloren gelten. Auch dieses verschollene, wichtige Dokument aus der Zeit der jungen Christengemeinden wurde an Jakob Lorber durch inneres Diktat neu gegeben. Paulus, der sich leidenschaftlich für die Reinhaltung des Evangeliums einsetzte, führt in diesem Brief an die Laodizäer scharfe Klage, da sie ähnlich wie die Kolosser aus dem reinen Geistchristentum in ein zeremonielles Kirchen-christentum verfallen waren.

Erde und Mond:

Hier offenbart sich die Erde als ein kosmischer Körper, in dem es nichts Totes, Unbelebtes gibt, als ein pulsierender Organismus mit allen Organen, wie sie analog dem irdischen Menschenleib zu eigen sind. Es eröffnet sich eine innere Wunderwelt, in der gewaltige Elementarkräfte den Ausdruck eines planbeseelten Entwicklungsvorgangs bilden, auf den alles Naturgeschehen hinzielt. Enthüllt schon der erste Teil dieser Schrift (die natürliche Erde) neben der materiellen Beschreibung des Erdkörpers vieles von dem naturgeistigen Sinn, so schildert der zweite Teil (die geistige Erde) die metaphysischen Zustände, die der Erde zugehören. Indem diese Darstellungen vom Wesen der Urschöpfung ihren Ausgang nehmen, wird damit das ganze Werk zu einer geistigen Lichtquelle höchster Erkenntnis. Im Anhang dazu findet sich als dritter Teil (der Mond) eine Schilderung der natürlichen Mondwelt mit der verschiedenen Beschaffenheit beider Mondhälften und ihrer Lebensbedingungen.

Jenseits der Schwelle:

Über die jenseitigen Schicksale der Seelen ist noch immer wenig bekannt, da ja jede Seele entsprechend ihrem Erdenleben zunächst eine ihrem inneren Zustand entsprechende Welt erwartet. Das Sterben des Menschen, sein Übertritt zunächst in eine aus seinen Gefühlen, Begierden und Vorstellungen erschaffene Traumwelt, und seine durch leitende Geister und Engel unterstützte Jenseitsführung werden in teils angenehmer, teils erschreckender Art beschrieben.

Quelle: Lorber-Verlag, Bietigheim, Bestellungen hier möglich

Schlussbemerkung

Jakob Lorber hat die umfassendsten und größten Offenbarungen erhalten. Auch als sehr bedeutend können die Schauungen Emanuel Swedenborgs angesehen werden, welche im 18. Jahrhundert eine Art Vorläuferschaft zu den im 19. Jahrhundert gegebenen großen Enthüllungen des Herrn durch Jakob Lorber darstellen.

Ebenfalls sehr Aufschlussreich sind die Einzelkundgaben, die Gottfried Mayerhofer, Max Seltmann und Bertha Dudde niederschrieben.

Bei aller Wortfülle sollte jedoch beachtet werden, dass die Offenbarungen immer mit der rechten Liebe zu Gott gelesen werden müssen, um den Geist Gottes im Menschen zu erwecken und Diesen dann, nach Anleitung durch das Gotteswort, in der Seele auch tatkräftig auszubilden.

Ich danke dem Lorber-Verlag in Bietigheim für die freundliche Genehmigung. Alle Bücher der Neuoffenbarungen Jesu Christi, welche Jakob

Lorber, Gottfried Mayerhofer und andere empfingen, sind dort erhältlich. Die Bezugsquellen weiterer Bücher und Schriften erfahren Sie über das Internet.

Ich wünsche allen Lesern viel Freude und Dankbarkeit mit dem Liebelicht aus der großen Gnade unseres geistigen und ewigen Vaters Jesus Christus.

Hanno Herbst Im Bergfrieden, 25.12.2018